Religion et mythologie maories illustrées par des traductions des traditions, Karakia, etc., auxquelles sont ajoutées des notes sur le régime foncier maori

Édouard Shortland

Writat

Diese Ausgabe erschien im Jahr 2024

ISBN: 9789359942933

Publié par
Writat
email : info@writat.com

Contenu

PRÉFACE.

Le MSS maori . dont les traductions sont aujourd'hui publiées ont été rassemblées par l'auteur il y a de nombreuses années. Les personnes par l'intermédiaire desquelles le MSS. ont été obtenus et ne vivent plus, à une exception près. C'étaient tous des hommes de bonne naissance et des autorités compétentes. Quelqu'un qui savait écrire m'envoyait, de temps en temps, en MS. les informations qu'il possédait lui-même, ou qu'il pouvait obtenir des *tohunga* , ou des sages de sa famille. Chapitres iii. et iv. contiennent des sélections d'informations dérivées de cette source.

Les autres n'étant pas suffisamment compétents en écriture, il a fallu retirer leurs informations sous dictée. Ce faisant, j'ai particulièrement demandé à mon informateur de raconter son histoire comme s'il la racontait à son propre peuple, et d'utiliser les mêmes mots qu'il utiliserait s'il leur racontait des histoires similaires lorsqu'il était réuni dans une maison sacrée. C'est ce qu'ils ont, ou peut-être devrais-je plutôt dire qu'ils avaient l'habitude de faire lors de grandes perturbations météorologiques accompagnées de tempêtes de vent et de pluie, croyant que cela avait pour effet d'apaiser les esprits du ciel.

Au fur et à mesure que la dictée avançait, j'ai pris soin de ne jamais poser de questions ni d'interrompre le fil de l'être guidé par le son lors de l'écriture de mots nouveaux et étranges. Lorsqu'un certain temps s'était ainsi écoulé, je l' arrêtais à un moment approprié de son récit : puis je lui lisais ce que j'avais écrit et faisais les corrections nécessaires, en prenant également note du sens des mots qui étaient nouveaux pour moi. Chapitres v. et vi. sont avec quelques omissions des traductions d'un MS *maori* . écrit de cette façon.

Chapitre II. contient une tradition quant à la cosmogonie *maorie* plus particulière dans certains détails que je n'ai jamais rencontrée ailleurs. Mon informateur avait été éduqué pour devenir *tohunga* ; mais il était ensuite devenu un chrétien déclaré. Le récit s'est déroulé la nuit, à l'insu d'aucun de ses gens, et sous la promesse que je ne lirais ce que j'écrirais à aucun de ses gens. Après quelques années, je suis retourné en Nouvelle-Zélande, j'ai appris qu'il était mort peu après mon départ et que sa mort était attribuée à la colère des *Atua* de sa famille parce qu'il avait, comme ils l'exprimaient, piétiné le *tapu* en sacralisant *le noa* ou les choses publiques — il ayant lui-même avoué ce qu'il croyait sans doute être la cause de sa maladie.

En annexe se trouve une liste de mots *maoris* exprimant une relation. On observera que lorsque nous employons des mots définis pour « père » et « frère », les *Maoris* utilisent des mots ayant un sens plus large, comme notre mot « cousin » : par conséquent, lorsque l'un ou l'autre des mots *matua* , etc., est utilisé, pour Pour déterminer le degré réel de parenté, quelques mots explicatifs supplémentaires doivent être ajoutés, comme cela serait nécessaire lorsque nous utilisons le terme général cousin.

Un bref vocabulaire de mots *maoris* inévitablement introduits dans les pages suivantes, qui nécessitent une explication qui ne se trouve dans aucun dictionnaire publié, est également imprimé en annexe, ainsi que quelques *karakia sélectionnés* dans l'original *maori* , avec référence aux pages où leurs traductions paraissent, pour intéresser certaines personnes.

AUCKLAND, JANVIER 1882.

CHAPITRE I.

ARYENS ET POLYNÉSIENS.

Ν ό μιζε σα υτ ῷ το ὺ ς γονε ῖ ς ε ῖ ν αι Θεο ύ ς .

Le sentiment religieux peut être attribué à la vénération naturelle de l'enfant pour le parent, jointe à une croyance innée en l'immortalité de l'âme. Ce que nous savons de la religion primitive des Aryens et des Polynésiens pointe vers cette source. Ils vénéraient tous deux les esprits des ancêtres défunts, estimant que ces esprits s'intéressaient à leurs descendants vivants : d'ailleurs, ils les craignaient, et prenaient soin d'observer les préceptes transmis par la tradition, comme ayant été délivrés par eux de leur vivant.

Les âmes des hommes divinisées par la mort étaient appelées par les Latins « Lares » ou « Mânes », par les Grecs « Démons » ou « Héros ». Leurs tombeaux étaient les temples de ces divinités et portaient l'inscription « Dîs manibus », « Θεο ῖ ς χθον ί οις ;" et devant le tombeau se trouvait un autel pour les sacrifices. Le terme utilisé par les Grecs et les Romains pour désigner le culte des morts est significatif. Le premier utilisait le mot « πα τρι ά ζειν », le second « parentare », montrant que les prières étaient adressées aux ancêtres. «Je l'emporte sur mes ennemis», dit le brahmane, «par les incantations que mes ancêtres et mon père m'ont transmises.» [1]

C'était la croyance commune des *Maoris* de Polynésie, et elle existe toujours. Un *Maori* de Nouvelle-Zélande écrit ainsi : « L'origine de la connaissance de nos coutumes indigènes vient du Tiki (l'ancêtre de la race humaine). Tiki enseigna des lois pour réglementer le travail, le massacre, la consommation d'hommes : c'est de lui que les hommes apprirent d'abord à observer les lois pour telle chose et telle chose, les rites à utiliser pour les morts, l'invocation pour le nouveau-né, pour le combat. en campagne, pour l'assaut des places fortifiées, et autres invocations très nombreuses. Tiki fut le premier instructeur, et c'est de lui que sont descendues ses instructions à nos ancêtres et qu'elles sont restées jusqu'à nos jours. C'est pour cette raison qu'ils ont du pouvoir. Ainsi dit la chanson :

E tama , tapu-nui , tapu-whakaharahara ,

Il mauri wehewehe à propos de tupuna,

Na Tiki, na Rangi , c'est papa.

Ô enfant, très sacré, très, très sacré,

Sanctuaire mis à part par vos ancêtres,

Par Tiki, par Rangi , par Papa.

Les recherches des philologues tendent à montrer que toutes les langues connues dérivent d'une seule source originelle. La langue mère dont dérivent les langues aryennes et polynésiennes doit avoir été parlée à une époque très reculée ; car il n'existe aujourd'hui aucune forme de langage plus diversifiée que ces deux-là. En polynésien, il n'y a que la moindre trace d'inflexion des mots, caractère général des langues aryennes. La langue polynésienne semble avoir conservé une forme très primitive, restant fixe et stationnaire ; et ceci est confirmé par le fait que les formes de langue polynésienne, qu'elles soient parlées dans les îles Sandwich ou en Nouvelle-Zélande, bien que leur éloignement les unes des autres indique une séparation très précoce, diffèrent à un degré si minime qu'elles peuvent être considérées comme seulement différents dialectes d'une même langue. La langue *maorie* est essentiellement conservatrice et ne contient aucun principe dans sa structure facilitant le changement. Les éléments constitutifs ou racines des mots sont toujours apparents.

Quand nous considérons la grande éloignement du temps auquel il est possible qu'un lien entre Aryens et Polynésiens ait pu exister, nous sommes ramenés à la contemplation d'une condition très primitive de la race humaine. Dans la famille polynésienne on peut encore découvrir des traces de cet état primitif. On peut également observer une similitude entre la forme plus ancienne de croyance religieuse et de tradition mythologique des Aryens et celle qui existe encore chez les Polynésiens ; c'est pourquoi nous pensons qu'il est permis d'appliquer à l'interprétation des vieux mythes aryens le principe que nous découvrons pour nous guider quant à la signification de la mythologie polynésienne.

C'était l' opinion favorite des apologistes chrétiens, Eusèbe et d'autres, que les divinités païennes représentaient des hommes déifiés. D'autres les considèrent comme signifiant les pouvoirs de la nature extérieure personnifiés. Pour d'autres, il s'agit, dans de nombreux cas, d'imitations de passions et de propensions humaines reflétées dans l'esprit de l'homme. Un quatrième mode d'interprétation les traiterait comme des copies déformées et dépravées d'un système primitif de religion donné par Dieu à l'homme. [2]

L'auteur ne donne aucune opinion sur laquelle de ces théories il donnerait sa préférence. Si, cependant, nous regardons la mythologie des Aryens grecs et latins du point de vue *maori* , l'explication de leurs mythes est simple.

Cette mythologie personnifiait et divinisait les puissances de la nature et les représentait comme les ancêtres de toute l'humanité ; ainsi ces puissances personnifiées de la nature étaient vénérées comme des ancêtres déifiés. Il n'y a aucune autorité pour une autre supposition. En ce qui concerne les deux dernières théories mentionnées ci-dessus, on peut remarquer que la fiction est toujours susceptible d'être interprétée d'une manière conforme aux idées dominantes à une époque donnée, de sorte qu'il y aurait une tendance naturelle, dans les temps modernes, à appliquer des significations jamais imaginées à l'origine pour l'interprétation de la mythologie. Dans les premiers temps, l'homme, ignorant les causes des phénomènes naturels, mais ayant un esprit curieux de rechercher et de relier les effets observés à une cause, formulait ses conceptions sur des bases imaginaires qui, bien qu'aujourd'hui manifestement fausses et absurdes, étaient probablement suffisamment crédibles dans l'enfance de la connaissance.

Il existe un état mental notable du Polynésien sur lequel nous souhaitons attirer l'attention. Les *Maoris* ont une notion très limitée de l'abstrait. Toutes ses idées prennent naturellement une forme concrète. Cette incapacité à concevoir des notions abstraites était, croit-on, l'état mental primitif de l'homme. C'est pourquoi les puissances de la nature étaient considérées par lui comme des objets concrets et par conséquent désignées comme des personnes. Et cette opinion est confirmée par le fait que les recherches des philologues comparés prouvent que tous les mots sont, dans leur origine ou leurs racines, l'expression de phénomènes visibles et sensuels [3], et par conséquent que tous les mots abstraits dérivent de telles racines. L'absence également de toutes les idées abstraites et métaphysiques chez Homère a été remarquée par M. Gladstone comme très remarquable.

J'ai vu écrit que le Néo-Zélandais n'éprouve aucun sentiment de gratitude ; pour preuve il a été mentionné qu'il n'a pas de mot dans sa langue pour exprimer sa gratitude. C'est vrai; mais la raison est que la gratitude est un mot abstrait et que *les Maoris* manquent de termes abstraits. C'est une erreur de conclure qu'il ignore le sentiment de gratitude ou qu'il est incapable d'exprimer ce sentiment avec des mots appropriés et intelligibles.

MYTHOLOGIE ARYENNE.

Les Aryens ne semblent pas avoir eu de tradition de création. Ils semblent avoir conçu les pouvoirs de la nature de la même manière que les *Maoris*. c'est ce que nous avons fait, c'est- à-dire que le pouvoir mystérieux de la génération était la cause opératoire de toutes choses.

Hésiode dans sa Théogonie raconte que le premier parent de tous était le Chaos.

Du Chaos sont nés Gaia (= Terre), Tartare, Eros (= Amour), Erebus, un fils sombre, la Nuit, une fille sombre, et enfin le Jour.

De Gaia seule sont nés Ouranos (= Ciel), Collines, Bosquets et Thalassa (= Mer).

Du Ciel et de la Terre sont nés Okeanos (=Océan), Japetus , Kronos (=Saturne), Titans.

Hésiode raconte également comment le Ciel a enfermé ses enfants dans les cavernes sombres de la Terre et comment Cronos s'est vengé.

Dans les « Travaux et Jours », Hésiode raconte la formation de la première femme humaine hors de la Terre, de l'union de laquelle, avec Épiméthée, fils du Titan Japetus , est née la race humaine.

Jusqu'à présent, le récit d'Hésiode peut être dérivé des mythes aryens. Cependant, la dernière et la plus grande partie de la Théogonie d'Hésiode ne peut être acceptée comme une tradition purement aryenne ; car des colons venus d'Égypte et de Phénicie s'étaient installés très tôt en Grèce et avaient apporté avec eux des fables mythiques étrangères qui furent adoptées sous une forme modifiée, en plus de l'ancienne religion familiale du culte des ancêtres.

Hérodote affirme qu'Homère et Hésiode ont fait la Théogonie des Grecs ; et dans une certaine mesure cela peut être vrai, car le barde était alors investi d'une sorte de sacré, et ce qu'il chantait était tenu pour l'effet d'une inspiration. Lorsqu'il invoquait les Muses, son invocation n'était pas un simple ensemble de mots formels introduits dans un but d'ornement, mais un acte d'hommage dû aux Divinités adressées et dont il sollicitait l'aide. [4]

Les traditions répandues en Béotie seraient naturellement fortement imprégnées de fables d'origine étrangère ; et Hésiode, qui était Béotien de naissance, en rassemblant ces traditions locales et en les présentant au public sous une forme attrayante, a sans doute contribué, ainsi qu'Homère, à établir une forme nationale de religion, faite de vieille tradition aryenne et ce qui avait été importé par les colons phéniciens et égyptiens.

Ainsi Zeus et les autres divinités olympiennes formaient le centre d'un système religieux national ; mais en même temps, la vieille religion aryenne du culte des ancêtres maintenait une influence primordiale, et chaque tribu et chaque famille avait sa forme distincte de culte de ses propres ancêtres. La prière du fils d'Achille, alors qu'il était en train de sacrifier Polyxène aux mânes de son père, est un exemple frappant de la croyance répandue selon laquelle les esprits déifiés des ancêtres avaient le pouvoir d'influencer les destinées des vivants.

« Ô fils de Pélée, mon père, reçois de moi cette libation qui apaise et séduit les morts. Viens maintenant, et tu pourras boire le sang noir et pur d'une vierge, que nous te donnons, moi et l'armée. Et soyez bienveillant envers nous, et accordez-nous de détacher la poupe de nos navires et les câbles qui les attachent au rivage, et de rentrer chez nous avec la chance d'un retour prospère d'Ilium. [5]

Euripide n'aurait pas mis ces paroles dans la bouche du fils d'Achille, si elles n'avaient été d'accord avec les sympathies d'un auditoire athénien.

En comparant les traditions mythologiques grecques, telles qu'elles nous sont parvenues, avec celles des *Maori* , on constate une ressemblance frappante. Premièrement, il y a le fait que tous deux traitent les éléments de la nature et les notions abstraites comme des personnes capables de se propager les unes aux autres au fil des générations. Dans les deux cas, la Lumière jaillit des Ténèbres. Dans les deux récits, les fils du Ciel et de la Terre conspirent contre leur père pour la même raison : leur père les avait enfermés dans les ténèbres. Et enfin, dans les deux cas, la première femme humaine aurait été formée à partir de la terre. La première femme, dans la mythologie *maorie* , entraîne sa progéniture vers Po (=Nuit), c'est-à-dire jusqu'à la mort. Et la première femme de la mythologie grecque, Pandore , introduit toutes sortes d'afflictions comme héritage pour la sienne.

Il convient également de noter que, tout comme Zeus et les dieux de l'Olympe étaient des divinités nationales pour les Grecs, de même leurs anciennes divinités mythiques - Po, Rangi , Papa, Tiki, etc., étaient invoquées de la même manière par toute la race *maorie* , notamment lors des cérémonies. requis pour libérer une personne des restrictions sacrées comprises sous le terme *tapu* . Ils étaient les dieux nationaux *maoris* , car ils étaient leurs ancêtres communs. Mais en même temps, chaque tribu et famille *maorie* invoquait indépendamment chacune ses propres ancêtres tribaux et familiaux, tout comme c'était la pratique des Grecs et des Latins.

CHAPITRE II.

COSMOGONY ET MYTHOLOGIE MAORI.

Un quoquam genitos nisi Cœlo credere fas HNE

Essée homines. — *Manilius* .

Les *Maoris* n'avaient aucune tradition de la Création. La grande Cause mystérieuse de toutes choses existant dans le Cosmos était, telle qu'il la concevait, la Puissance génératrice. Partant d'un état primitif d'Obscurité, il conçut Po (=Nuit) comme une personne capable d'engendrer une race d'êtres lui ressemblant. Après une succession de plusieurs générations de la race de Po, naquit Te Ata (=Morn). Viennent ensuite certains êtres existant lorsque le Cosmos était sans forme et vide. Vinrent ensuite Rangi (= Ciel), Papa (= Terre), les Vents et d'autres puissances du Ciel, comme le montrent les traditions généalogiques préservées jusqu'à nos jours.

On a des raisons de considérer les traditions mythologiques des *Maori* comme datant d'une époque très ancienne. Ils sont considérés comme très sacrés et ne doivent être répétés que dans des lieux désignés comme sacrés.

Les Généalogies enregistrées ci-après sont divisibles en trois époques distinctes : -

1. Celui comprenant les pouvoirs personnifiés de la nature précédant l'existence de l'homme, lesquels pouvoirs sont considérés par les *Maori* comme leurs propres ancêtres primitifs et sont invoqués dans leur *karakia* par toute la race *maorie ;* car nous trouvons les noms de Rangi , Rongo , Tangaroa, etc., mentionnés comme *Atua* ou dieux des *Maori* des îles Sandwich et autres îles du Pacifique habitées par la même race. Le culte commun de ces *Atua primitifs* constituait la religion nationale des Maoris .

2. En outre, les *Maoris* avaient un culte religieux propre à chaque tribu et à chaque famille, sous forme de *karakia* ou d'invocation adressée aux esprits des ancêtres morts de leur propre lignée.

Les esprits ancestraux qui avaient vécu dans la chair avant la migration vers la Nouvelle-Zélande seraient invoqués par toutes les tribus de Nouvelle-Zélande, dans la mesure où leurs noms avaient été préservés, dans leurs archives traditionnelles comme de puissants esprits.

3. Depuis la migration vers la Nouvelle-Zélande, chaque tribu et chaque famille adresserait en outre ses invocations à sa propre lignée d' ancêtres,

donnant ainsi naissance à un culte religieux familial en plus de la religion nationale.

La cause de la conservation de leurs Généalogies devient intelligible quand on considère qu'elles constituaient souvent la base de leurs formules religieuses, et que se tromper ou même hésiter à répéter un *karakia* était jugé fatal à son efficacité.

Dans les formes de *karakia* adressées aux esprits des ancêtres, les mots finaux sont généralement une pétition adressée à l'*Atua* invoqué pour donner force ou effet au *karakia* comme étant dérivé du *Tipua*, du *Pukenga* et du *Wananga*, et ainsi descendre jusqu'à la *Tauira vivante*.

Cosmogonie maorie.

Pouvoirs | Te Po (= La Nuit).

de | Te Potoki (=Nuit suspendue) .

Nuit | Te Poterea (=Nuit à la dérive).

et | Te Po- whawha (= Nuit gémissante).

Obscurité. | Hine- ruakimoe .

| Te Po.

Pouvoirs | Te Ata (= Le matin).

de | Te Ao-tu-roa (=Le Jour éternel).

Lumière. | Te Ao-marama (=jour lumineux).

| Whaitua (=espace).

Pouvoirs | Te Kore (= Le Vide).

de | Te Koretuatahi . _

Cosmos | Te Koretuarua . _

sans | Korenui . _

formulaire | Corée . _

et | Kore-para.

vide. | Kore- whiwhia .

| Corée du Sud .

| Kore - te - tamaua (=Vide fast bond).

| Te Mangu (=le noir) sc. Érèbe.

De l'union de Te Mangu avec Mahorahora - nui -a- Rangi (= La grande étendue de Rangi) sont venus quatre enfants :—

1. Toko-mua (= accessoire aîné).

2. Toko -roto (= accessoire central).

3. Toko -pa (=dernier accessoire).

4. Rangi-potiki (=enfant Rangi).

DESCENTE GÉNÉALOGIQUE DE TOKO-MUA.

| Tu- awhio - nuku (=Tu du tourbillon).

| Tu- awhio - rangi .

Pouvoirs | Paroro -thé (= skud blanc).

de | Hau-tuia (=vent perçant).

L' air, | Hau-ngangana (vent violent).

Les vents. | Ngana .

| Ngana-nui .

| Ngana-roa .

| Ngana-ruru .

| Ngana-mawaki .

| Tapa- huru -kiwi.

| Tapa- huru - manu .

| 6Tiki .

Humain | Tiki- te - pou-mua (Le 1er Homme).

êtres | Tiki- te - pou -roto.

commencer | Tiki- haohao .

à | Tiki-ahu-papa.

exister. | Te Papa- tutira .

| Ngaï.

| Ngainui . _

| Ngai- roa .

| Ngai- peha .

| Te Atitutu .

| Te Ati-hapai .

| ⌐Toit - te - huatahi .

| Rauru .

| Rutana .

    | Whatonga .

| Apa-apa .

| Taha-titi.

| Ruatapu .

| Rakeora .

| Tama -ki- te - ra.

| Rongo -maru-a- whatu .

| Reré .

| Tata =

| |————————

| |

| Wakaotirangi . Rongokako .

| Hotumatapu . Tamatea.

| Motaï. ⁸Kahu- hunu .

| Euh .

| Raka .

| Kakati .

| Tawhao .

| Turongo .

| Raukawa.

| Wakatere .

| Taki- hiku .

| Tama-te-hura .

| Tuitao . _

| Haé .

| Nga- tokowaru .

    | Huia .

| Korouaputa = Rakumia (f.).

______________|____________________

| |

Pare- wahawaha = Te Rangipumao   Parekohatu =

(f.) | |

__________| __________|

| |

  Tihao = TE RAUPARAHA .

___|____________________

| |

  Te Whata-nui = Kotia (f.) =

_____| |

| TE NGARARA .

  Tutaki =

___|

|

  HINEMATIORO .

DESCENTE GÉNÉALOGIQUE DE TOKO-ROTO.

| Rangi Nui .

| Rangi-roa .

| Rangi-pouri .

| Rangi-potango .

Pouvoirs | Rangi - whetu -ma.

du | Rangi-whekere .

Cieux. | Ao-nui .

| Ao-roa .

| Ao-tara .

| Urupa .

| Houe .

| Puhaorangi (f.).

Après la naissance de Rauru , le fils de Toite - huatahi et de Kuraemonoa , alors que Toi était absent de la pêche à la maison, Puhaorangi descendit du ciel et enleva Kuraemonoa pour devenir sa propre épouse. De cette union elle eut quatre enfants :

1. Ohomairangi .

2. Tawhirioho .

3. Ohotaretare .

4. Ohomata - kamokamo .

De Ohomairangi descendu:—

| Muturangi .

| Taunga .

| Tuamatua .

Heure de | Houmaitahiti .

Migrations | Tama-te-kapua .

de | Kahu.

Hawaïki. | Tawaki .

| Uenuku .

| Rangitihi .

| Ratorua .

| Wakairikawa .

| Waitapu .

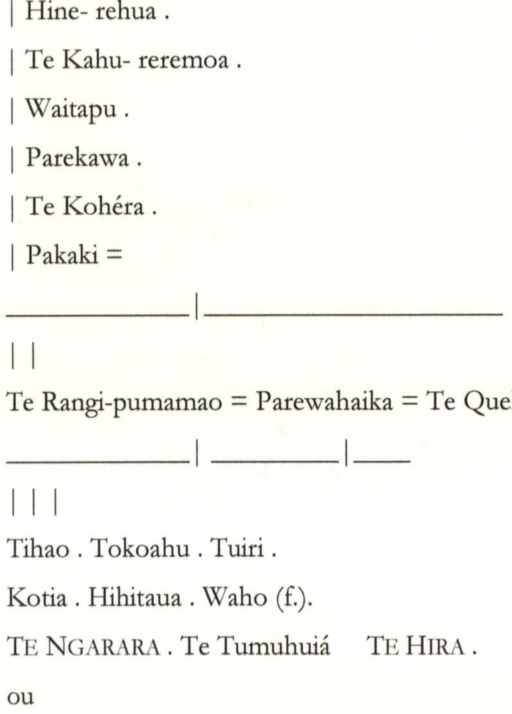

DESCENTE GÉNÉALOGIQUE DE TOKO-PA.

Kohu (= Brume) était l'enfant de Tokopa .

Kohu a épousé Te Ika-roa (=La Voie Lactée), et donna naissance à Nga Whetu (=Les Étoiles).

DESCENTE GÉNÉALOGIQUE DE RANGI-POTIKI.

Rangi-potiki avait trois femmes, dont la première était Hine-ahu-papa ; d'elle est descendu : -

| Tu - nuku .
Ciel | Tu - rangi .
Pouvoirs. | Tama -i-koropao .
| Haronga .

Haronga prit pour femme Tongo- tongo . Leurs enfants étaient un fils et une fille, Te Ra (= Le Soleil) et Marama (= La Lune). Haronga s'apercevant qu'il n'y avait pas de lumière pour sa fille Marama , donna à Te Kohu en mariage avec Te Ikaroa et les Étoiles sont nées pour éclairer la sœur de Te Ra, l'enfant de Tongo- tongo . « *Nga tokorua a Tongo- tongo* » (= les deux enfants de Tongotongo) est un terme proverbial désignant le Soleil et la Lune d'aujourd'hui.

de Rangi-potiki était Papatuanuku . Elle a donné naissance aux enfants suivants :

Rehua (une étoile).

Rongo .

Tangaroa.

Tahu .

Punga et Here, jumeaux.

Hua et Ari, faites-le.

 Nukumera   } jumeaux.

Rango- maraeroa }

Marère -o- tonga } faire.

Takataka Putea }

Tumatauenga _   } faire.

Tupotiki _   }

RONGO était *atua* du *kumara* .

TANGAROA était l'ancêtre du poisson et du *Pounamu* , qui est classé parmi les poissons par les *Maoris* . Tangaroa prit pour épouse Te Anumatao (=le froid glacial) : de quelle union descendit.

Tout | Te Whata - uira -a- tangaroa .

du | Te Whatukura .

Poisson | Poutine .

Classe. | Te Pounamu.

TAHU présidait *toujours* la paix et les fêtes.

PUNGA était l'ancêtre du lézard, du requin et des créatures défavorisées : d'où le proverbe « *aitanga -a-Punga* » (=enfant de Punga) pour désigner un laid.

TUMATAUENGA était le dieu DE LA GUERRE *maori* .

de Rangi-potiki était Papa (= Terre). Tangaroa fut accusé d'avoir commis un adultère avec Papa, et Rangipotiki , armé de sa lance, alla obtenir satisfaction. Il trouva Tangaroa assis près de la porte de sa maison, qui, voyant Rangi venir ainsi vers lui, commença le *karakia suivant* , en se frappant en même temps l'épaule droite avec la main gauche :

Tangaroa, Tangaroa,

Tangaroa, démêler;

Démêlez l'enchevêtrement,

Démêler, détordre.

Bien que Rangi soit lointain,

Il est à atteindre.

Un peu d'obscurité pour le dessus,

Un peu de lumière pour le dessous

Donner librement

Pour le jour [9] lumineux

Cette invocation de Tangaroa était à peine terminée que Rangi lui lança un coup de poing. Tangaroa l'a repoussé, et il lui a manqué. Alors Tangaroa frappa Rangi et le transperça jusqu'à la cuisse, et il tomba.

Alors que Rangi gisait blessé , il engendra son enfant Kueo (=Moist). La cause de ce nom était que Rangi mouillait son canapé alors qu'il était malade de sa blessure. Après Kueo , il engendra Mimi-ahi, ainsi appelé parce qu'il préparait de l'eau au coin du feu. Ensuite, il engendra Tanetuturi (=Tane à jambe droite), ainsi appelé parce que Rangi pouvait désormais se dégourdir les jambes. Ensuite, il engendra Tane- pepeki (= jambe pliée-Tane), ainsi appelé parce que Rangi pouvait s'asseoir avec les genoux pliés. L'enfant suivant était Tane- ua -tika (=Tane au cou droit), car le cou de Rangi était maintenant droit et il pouvait relever la tête. Le prochain enfant né s'appelait Tane-ua-ha [10] (=fort-cou-Tane), car le cou de Rangi était fort. Puis naquit Tane- te - waiora (= Tane vif), ainsi appelé parce que Rangi était tout à fait rétabli. Alors naquit Tanenui - a- Rangi (=Tane grand fils de Rangi). Et enfin, Paea , une fille, est née. Elle était la dernière des enfants de Rangi . Avec Paea, ils prirent fin, c'est pourquoi elle fut nommée Paea , ce qui signifie « fermé ».

Quelque temps après la naissance de ces enfants, l'idée vint à Tanenui - a- Rangi de séparer leur père d'eux. Tane avait vu la lumière du Soleil briller sous l'aisselle de Rangi ; il consulta donc ses frères aînés sur ce qu'ils devaient faire. Ils dirent tous : « Tuons notre père, car il nous a enfermés dans les ténèbres, et quittons notre mère pour nos parents. » Mais Tane a conseillé : « Ne tuons pas notre père, mais élevons-le plutôt là-haut, afin qu'il y ait de la lumière. » Ils y consentirent ; alors ils préparèrent des cordes, et quand Rangi fut profondément endormi, ils le renversèrent sur les cordes, et Paea le prit sur son dos. Deux accessoires ont également été placés sous Rangi . Les noms des accessoires étaient Tokohurunuku et Tokohurangi . Puis, le soulevant à l'aide de ces deux étais, ils le poussèrent vers le haut. Alors Papa fit ainsi ses adieux à Rangi .

" *Haéra ra , e Rangi , ē! ko te wehenga taua je suis un Rangi .* »

« Vas-y, ô Rangi , hélas ! pour ma séparation d'avec Rangi .

Et Rangi répondit d'en haut :

" *Heikona ra , e Papa, ē! ko te wehenga taua je suis papa.* »

« Reste là, ô papa. Hélas! pour ma séparation d'avec papa.

Donc Rangi habitait au-dessus, et Tane et ses frères habitaient en bas avec leur mère, Papa.

Quelque temps après, Tane désira avoir sa mère Papa pour épouse. Mais Papa dit : « Ne tourne pas ton inclination vers moi, car le mal t'arrivera. Va voir ton ancêtre Mumuhango . Alors Tane prit Mumuhango pour femme, qui donna naissance à l' arbre *totara* . Tane revint vers sa mère insatisfait, et sa mère lui dit : « Va voir ton ancêtre Hine- tu -a- maunga (= la servante de la montagne). » Alors Tane prit pour femme Hine- tu -a- maunga , qui conçut mais n'eut pas d'enfant. Sa progéniture était l'eau rouillée des montagnes et les monstres reptiles communs aux montagnes. Tane était mécontent et retourna auprès de sa mère. Papa lui dit : « Va chez ton ancêtre Rangahore ». Alors Tane s'en alla et prit pour épouse cette femelle, qui donna naissance à la pierre. Cela déplut beaucoup à Tane, qui retourna de nouveau auprès de papa. Alors Papa dit « Va chez ton ancêtre Ngaore (=le tendre).» Tane a pris Ngaore pour femme. Et Ngaoré a donné naissance à la *pointe des pieds* (une espèce d'herbe ressemblant à du jonc). Tane est retourné vers sa mère avec mécontentement. Elle lui conseilla ensuite : « Va voir ton ancêtre Pakoti . » Tane a fait ce qu'on lui demandait, mais Pakoti n'a produit que *harakeke* (=phormium tenax). Tane avait un grand nombre d'autres épouses à la demande de sa mère, mais aucune d'elles ne lui plaisait, et son cœur était très troublé, car aucun enfant n'était né pour donner naissance à l'homme ; alors il s'adressa ainsi à sa mère : « Vieille dame, il n'y aura jamais de descendance pour moi. » Alors Papa dit : « Va chez ton ancêtre Océan, qui grogne là-bas au loin. Lorsque vous atteindrez la plage de Kura-waka, rassemblez la terre sous la forme d'un homme. Alors Tane est allé gratter la terre à Kura-waka. Il ramassa la terre, le corps fut formé, puis la tête et les bras ; puis il joignit les jambes et tapota la surface du ventre, de manière à lui donner la forme d'un homme ; Et après avoir fait cela, il retourna vers sa mère et dit : « Tout le corps de cet homme est fini. » Sur ce, sa mère dit : « Va voir ton ancêtre Mauhi , elle te donnera le *raho* . [11]Va chez ton ancêtre Whete , elle donnera le *timutimu* . [11]Va chez ton ancêtre Taua -ki- te - marangai , elle donnera la *paraheka* . [11]Va chez ton ancêtre Pungaheko , elle a le *huruhuru* . Alors Tane se rendit chez ces ancêtres féminins, qui lui donnèrent les choses demandées. Il se rendit ensuite à Kura-waka. Katahi ka whakanoho je je nga raho ki roto je nga kuwha o te Wahine je hanga ki te one : ère Ka mau . Muri atu ka whakanoho je suis ko te Timutimu n / A Blanche je Homai Ki Waenga je nga râho ; muri atu ko te parahéka n / A Taua -ki- te - marangai je homai ka whakanoho ki te prends o te Timutimu : muri iho ko te huruhuru n / A Pungaheko je homai ka whakanoho ki runga je tu vomis. Ka oti , katahi ka tapa ko Hineahuone . Puis il nomma cette forme féminine Hine-ahu-one (= La servante formée par la terre).

Tane a pris Hine-ahu-one pour épouse. Elle donna d'abord naissance à Tiki-tohua , l'œuf d'oiseau d'où sont issus tous les oiseaux du ciel. Après cela, Tiki-kapakapa est née – une femelle. Puis naquit pour Tane un enfant humain. Tane a pris grand soin de Tiki- kapakapa , et quand elle a grandi, il lui a donné un nouveau nom, Hine-a- tauira (= la servante modèle). Puis il la prit pour femme, et elle enfanta une fille qui s'appelait Hine- tamauri .

Un jour, Hine-atauira dit à Tane : « Qui est mon père ? Tane rit. Une seconde fois, Hine-a- tauira posa la même question. Alors Tane fit un signe : [12]et la femme comprit, et son cœur était sombre, et elle s'abandonna au deuil et s'enfuit à Rikiriki , et à Naonao , à Rekoreko , à Waewae - te -Po, et à Po. [13] La femme s'enfuit en baissant la tête. [14]Puis elle prit le nom de Hine-nui-te-Po (=grande femme de la Nuit). Ses mots d'adieu à Tane furent : « Reste, ô Tane, pour élever notre progéniture jusqu'au jour ; pendant que je descends pour entraîner notre progéniture dans la nuit. [15]

Tane pleurait sa fille-épouse et chérissait sa fille Hinetitamauri ; et quand elle fut grande , il la donna à Tiki pour qu'elle soit sa femme, et leur premier-né fut Tiki-te-pou-mua. [16]

Le récit suivant est une continuation de l'histoire de Hinenuitepo provenant d'une autre source : -

Après qu'Hinenuitepo se soit enfuie vers ses ancêtres dans les royaumes de la Nuit, elle a donné naissance à Te Pouriuri (= L'Obscur), et à Te Potangotango (= Le très obscur), et ensuite à Parekoritawa , qui s'est marié avec Tawaki , un de la race de Rangi . D'où le proverbe quand on voit le ciel couvert de petits nuages « *Parekoritawa cultive son jardin.* "Quand Tawaki monta au Ciel avec Parekoritawa , il répéta ce *karakia* :—

Monte, ô Tawaki , par le chemin étroit,

Par lequel le chemin de Rangi a été suivi ;

Le chemin de Tu- kaite - uru .

Le chemin étroit est gravi,

Le large chemin est gravi,

Le chemin par lequel a été suivi

Tes ancêtres, Te Aonui ,

Te Ao-roa ,

Te Ao-whitera .

Maintenant tu montes

À ton *Ihi* ,

À ton *Mana* ,

Aux milliers d'en haut,

À ton *Ariki* ,

À votre *Tapairu* ,

À ton *Pukenga* ,

À ton *Wananga* ,

À votre *Tauira* .

Lorsque Tawaki et Parekoritawa montèrent vers le Ciel, ils laissèrent derrière eux un symbole – un papillon noir – un symbole du corps mortel.

Paré a donné naissance à Uenuku (=Arc-en-ciel). Ensuite, elle a donné naissance à Whatitiri (= Tonnerre). D'où l'arc-en-ciel dans le ciel et le coup de tonnerre.

CHAPITRE III.

RITES RELIGIEUX DES MAORI.

Ἀ λλ ' ἄ γε δή _ τιν α μ ντιν _ ἐ ρε ί ομε ν .— Hom . Il. 1-62.

Les rites et cérémonies religieux des *Maoris* étaient étranges et complexes et devaient constituer un lourd fardeau, comme le montreront les traductions des récits *maoris* relatifs à ces sujets contenues dans ces pages. Pour rendre ces traductions plus intelligibles pour le lecteur, un bref aperçu du sujet est maintenant donné en guise d'explication.

Les rites religieux en question sont immédiatement liés à certaines lois relatives aux choses *tapu* , ou choses sacrées et interdites, dont la violation par quiconque est un crime qui déplaît à l' *Atua* de sa famille. Tout ce *qui est tapu* ne doit pas entrer en contact avec un récipient ou un endroit où la nourriture est conservée. Cette loi est absolue. Si un tel contact a lieu, la nourriture, le récipient ou le lieu devient *tapu* , et seules quelques personnes très sacrées, elles-mêmes *tapu* , osent toucher ces choses.

L'idée à l'origine de cette loi semble avoir été qu'une partie de l'essence sacrée d'un *Atua* , ou d'une personne sacrée, était directement communicable aux objets qu'ils touchaient, et aussi que le caractère sacré ainsi communiqué à n'importe quel objet pouvait ensuite être transmis. plus ou moins retransmis à tout ce qui est mis en contact avec lui. Il fallait donc que tout ce qui contenait l'essence sacrée d'un *Atua* soit rendu *tapu* pour le protéger de la pollution par le contact des aliments destinés à être consommés ; car l'acte de manger de la nourriture qui avait touché quelque chose *de tapu* impliquait la nécessité de manger le caractère sacré de l' *Atua* , de qui il tirait son caractère sacré.

Il semble que la pratique du cannibalisme ait dû avoir un lien étroit avec un tel système de croyance. Manger un ennemi était la plus grande dégradation à laquelle il pouvait être soumis, et donc cela devait être considéré comme un blasphème de manger quelque chose contenant une particule d'essence divine.

Tout ce qui n'était pas inclus dans la classe *tapu* était appelé *noa* , ce qui signifie libre ou commun. Les choses et les personnes pouvaient cependant être rendues *noa au* moyen de certaines cérémonies dont le but était d'extraire l' essence *du tapu* et de la restituer à la source d'où elle provenait originellement. Il a déjà été dit que chaque tribu et chaque famille a son *Atua particulière* . Les *Ariki* , ou chefs de famille, tant chez les hommes que chez les femmes, sont considérés par leur propre famille avec une vénération presque égale à celle de leur *Atua* . [17] Ils forment en quelque sorte les liens entre les vivants et les esprits des morts ; et les cérémonies requises pour libérer quoi que ce soit de l' état *tapu* ne peuvent être perfectionnées sans leur intervention.

En arrivant un soir dans une colonie *maorie* , j'appris qu'une cérémonie, à laquelle tout le monde paraissait profondément intéressé, devait avoir lieu dans la matinée. Les habitants étaient pour la plupart des chrétiens de profession, et l'ancien lieu sacré de la colonie se trouvait, à cause de l'augmentation de leur nombre, mal à proximité de leurs maisons ; il fallait donc en ajouter une partie au *Pa* . J'étais curieux de voir de quelle manière le terrain requis serait *aménagé* . Le matin, quand je me rendis sur place, je trouvai une assemblée nombreuse, tandis qu'au centre de l'espace se trouvait un grand four indigène, d'où les femmes enlevaient la terre et les couvertures. Une fois ouvert, il s'est avéré qu'il ne contenait que *du kumara* , ou patate douce. L'un d'eux était offert à chaque personne présente, qu'il tenait dans la main pendant la lecture de l'office habituel du matin, se terminant par une courte prière pour que la bénédiction de Dieu repose sur le lieu. Après cela, chacun mangea son *kumara* et l'endroit fut déclaré *noa* . Je ne pouvais m'empêcher de penser que l'instituteur indigène avait fait preuve de sagesse en adoptant ainsi une grande partie du cérémonial ancien pour satisfaire les scrupules de ceux qui avaient peu de foi. Dans ce cas, toutes les personnes présentes, en mangeant des aliments cuits sur le sol *tapu* , couraient également le risque d'offenser l' *Atua* de la famille, risque que l'on croyait écarté par le *karakia chrétien* .

En négligeant les lois du *tapu* , *les Ariki* , les chefs et autres personnes sacrées sont particulièrement susceptibles de déplaire à leur *Atua* et ont donc peur d'accomplir un grand nombre d'actes ordinaires nécessaires dans la vie privée. Pour cette raison, une personne de la classe sacrée était obligée de prendre ses repas en plein air, à peu de distance de sa demeure sacrée et du lieu qu'il occupait habituellement avec ses amis ; et s'il ne pouvait manger tout ce qui lui avait été présenté, il gardait le reste pour son seul usage, dans un lieu sacré approprié à cet effet : car personne n'osait manger ce qu'une personne si sacrée avait touché.

Le terme *karakia* s'applique à toutes les formes de prière à l' *Atua* : mais il existe une variété de noms ou de titres pour désigner *les karakia* ayant des objets spéciaux. On pense que les traductions de celles qui sont maintenant présentées au lecteur parleront d'elles-mêmes quant à la nature du culte *maori* et apporteront avec elles une conviction plus claire et plus complète quant à ce qu'il était réellement que de simples déclarations, aussi fidèles soient-elles. On verra qu'une *karakia* est dans certains cas très semblable à une prière, dans d'autres cas pour l'essentiel une invocation des esprits des ancêtres dans l'ordre généalogique, dans d'autres cas une combinaison de prière et d'invocation.

La Karakia d' Hineteiwaiwa .

On dit qu'elle a été utilisée à la naissance de son fils Tuhuruhuru . Il est d'une grande antiquité, datant d'une époque bien antérieure à la migration vers la Nouvelle-Zélande.

Tisse, tisse le tapis,

Canapé pour mon enfant à naître,

Qui lectus aqua inondabilité :

Rupe et Manuméa inundabuntur :

Lectus meus, et moi fœtus inondabilité :

Inondation aquâ , inondable ;

Maritus meus inundabitur. [18]

Maintenant, je marche sur (le tapis).

Le *Matitikura* [19] à Rupe ci-dessus,

* * * Toroa *

* * * Takapu *

* * * faire naître,

Mon enfant ne fait plus qu'un avec moi-même.

Tenez bon *turuturu* [20] de Hinerauwharangi ,

* * * * Hine- teiwaiwa ,

Soutenez votre *tia* , [21] Ihuwareware ,

Tenez-vous près de votre *kona* , [21] Ihuatamaï ,

Ne me gronde pas dans mes ennuis,

Moi Hine- teiwaiwa , ô Rupe. [22]

Libérez-vous du dessus de vos cheveux, [23]

Ta tête, tes épaules,

Votre sein, votre foie,

Tes genoux, tes pieds,

Laissez-les sortir.

La vieille dame de 24 ans au visage sombre,

Elle te fera s'étirer,

Elle vous fera vous relever.

Lâchez prise , 25 ans lâchez *prise* , [25 ans]

Lâchez *parapara* . [25] Sortez. [*]

Ce *karakia* est encore utilisé chez la tribu Arawa en cas de parturition difficile. Lorsque de tels cas se produisent, on conclut que la femme a commis une faute – une violation du *tapu* , qui doit être découverte par le *matakite* (= voyant). Le père de l'enfant plonge alors dans la rivière, tandis que le *karakia* se répète, et l'enfant naîtra généralement avant son retour.

La forme suivante de *karakia* est également utilisée par les membres de la même tribu dans des cas similaires :

Ô ! Hine- teiwaiwa , libère Tuhuruhuru ,

Ô ! Rupe , libère ton neveu.

Les ancêtres du père de l'enfant sont alors invoqués nommément. Tout d'abord, la lignée masculine la plus âgée des ancêtres, commençant par un ancêtre qui vivait à Hawaiki et se terminant par le représentant vivant de cette lignée. Suit ensuite une répétition de la lignée ancestrale successivement, et la troisième successivement, si l'enfant ne naît pas. [26] Après quoi le *tohunga* s'adressant à l'enfant à naître dit : « Sortez. La faute en incombe à moi. Avancer." Le *tohunga* continue ainsi :

Si l'enfant n'est pas né maintenant, Tiki est invoqué ainsi :

Tiki du tas de terre,

Tiki gratté ensemble,

Quand les mains et les pieds se sont formés,

Produit pour la première fois à Hawaiki.

Si l'enfant est un garçon, il naîtra ; s'il s'agit d'une fille, il faut invoquer la lignée des ancêtres de la mère.

La croyance quant à la cause de la maladie, à savoir qu'un esprit a pris possession du corps du malade, est intimement liée à la superstition concernant les choses *tapu* . La croyance est que toute négligence de la loi du *tapu* , qu'elle soit volontaire , accidentelle ou même provoquée par l'acte d'une autre personne, provoque la colère de l' *Atua* de la famille qui punit le contrevenant en envoyant un esprit infantile se nourrir. une partie de son corps - les esprits infantiles étant généralement choisis pour cette fonction en raison de leur amour du mal, et parce qu'ils n'ont pas vécu assez longtemps sur terre pour s'attacher à leurs parents vivants, ils sont moins susceptibles de leur montrer de la miséricorde. Par conséquent, lorsqu'une personne tombe malade et ne peut se rappeler qu'elle a elle-même enfreint une loi du *tapu* , elle doit consulter un *matakite* (voyant) et un *tohunga* pour découvrir le crime et utiliser les cérémonies appropriées pour apaiser l' *Atua* ; car il existe en pratique une méthode pour amener une personne à offenser les lois du *tapu* sans qu'elle en soit consciente. Cette méthode est secrète appelée *makutu* . Il suffit à quelqu'un qui connaît cet art, s'il peut obtenir une partie des crachats de son ennemi, ou quelques restes de sa nourriture, pour qu'il puisse les traiter de manière sûre à faire tomber le ressentiment de sa famille. *Atua* . C'est pourquoi quelqu'un n'oserait pas cracher en présence de quelqu'un qu'il craint d'être disposé à lui faire du mal, s'il avait la réputation d'être habile dans cet art mauvais.

Avec une telle croyance quant à la cause de toute maladie, il n'est pas étonnant que son traitement se limite au *karakia* d'un *tohunga* ou d'un sage. Un ou deux exemples de tels cas suffiront à expliquer cela ainsi qu'à montrer la superstition enracinée des *Maoris* .

Quand quelqu'un devient *porangi* ou fou, comme cela arrive assez souvent, il est emmené chez un *tohunga* , qui procède d'abord à un examen quant à la cause de la maladie. Lui et le malade se rendent alors au bord de l'eau, et le *tohunga* , se déshabillant, prend dans sa main un silex d'obsidienne. Il coupe d'abord une mèche de cheveux du côté gauche de la tête du malade, puis une mèche de cheveux du haut de la tête. Le silex d'obsidienne est ensuite posé sur le sol, et dessus la mèche de cheveux qui avait été coupée du côté gauche de la tête. La mèche de cheveux coupée du haut de la tête est tenue en l'air dans la main gauche du *tohunga* , tandis que dans sa main droite il tient une pierre commune, qui est également élevée en l'air, tandis que le *karakia suivant* est répété par lui.

Tu, divise, Tu, divise,

C'est le silex *Waiapu* ,

Maintenant je suis sur le point de pleurer à haute voix

À la Lune de mauvais augure.

Alors le *tohunga* souffle sur le silex, et le brise avec la pierre qu'il tient dans sa main droite. Après cela, il sélectionne une pousse de la plante , la tire vers le haut, puis y attache les deux mèches de cheveux. Puis plongeant dans la rivière, il lâche les *orteils* et les mèches de cheveux, et lorsqu'ils flottent à la surface de l'eau, il commence ainsi son grand *karakia :*

C'est le *Tiri* de Tu- i - rawea ,

C'est le *Tiri* d' Uenuku .

Où est ta faute ?

Est-ce que manger un *kutu* était de votre faute ?

Est-ce que le fait d'être assis sur le terrain *Tapu* était de votre faute ?

Démêlez l'enchevêtrement,

Démêler, dénouer.

Enlevez la faute de la tête

De l' *Atua* qui afflige cet homme.

Enlevez la maladie,

Et le *mana* du maudit.

Tournez votre *mana* contre votre *tohunga* ,

Et ta *whaiwhaia* . [27]

Donne-moi la malédiction

A préparer comme aliment cuit.

Ton *Atua* profané,

Ton *tapu* , ta malédiction,

Atua , votre lieu sacré ,

Votre maison *Atua* ,

Donnez-moi de cuisiner pour manger.

Votre *tapu* est profané par moi.

Les rayons du soleil,

Les courageux du monde,

Le *mana* , donne-moi.

Laisse ton *Atua* et ton *tapu*

Sois de la nourriture pour moi.

Laisse la tête du maudit

Être cuit au four,

Servi comme nourriture pour moi

Mort et parti dans la nuit.

La dernière partie de ce *karakia* est une malédiction dirigée contre un *tohunga* censé avoir causé la maladie par son art du *makutu* .

Le Makutu était l'arme des faibles, qui n'avaient pas d'autre moyen d'obtenir réparation. Il ne fait aucun doute qu'elle exerçait une influence restrictive, dans une société où prévalait généralement aucune autre loi que celle de la force, pour freiner le vol et les transactions injustes en général ; car les *Maoris* croient fermement à son pouvoir et le redoutent. Cela ressort très clairement du récit suivant, donné par l'un d'eux, de la manière employée pour détecter et punir un petit larcin.

Une femme est très contrariée lorsqu'on lui vole une partie du lin qu'elle a gratté, et elle consulte un *tohunga* pour découvrir le voleur. Que le lin ait été volé dans sa maison ou dans l'eau, la maison de la femme doit être *tapu* . Personne ne doit être autorisé à y entrer. Ceci est nécessaire pour que le *makutu* puisse agir et que la personne qui a volé le lin soit découverte. Ainsi , lorsque la femme vient au *tohunga,* il lui demande d'abord : « Est-ce que quelqu'un est entré chez vous ? Elle répond "Non". Ensuite, le *tohunga* lui demande de rentrer chez elle en lui disant : « Je viendrai vers toi la nuit ». La femme rentre chez elle et la nuit le *tohunga* vient vers elle. Il lui demande de lui montrer sa maison, puis l'accompagne au bord de l'eau. Après s'être déshabillé, il frappe l'eau avec un bâton ou une baguette qu'il a emporté à cet effet, et aussitôt la forme du voleur se présente devant eux. Le *tohunga* le maudit donc—

Que tes yeux regardent la lune—

Que tes yeux de lin soient à toi,

Que tes mains de lin soient à toi,

Des pieds de lin à vous.

Laisse tes mains arracher

Aux rayons du Soleil.

Laisse tes mains s'emparer de Whiro ,

Whiro dans le vaste ciel,

Whiro né de Papa.

Arrachez, arrachez votre propre tête,

Périssant dans la nuit des ténèbres,

Dans la nuit de la mort – La mort.

WHAKAHOKITU

Est-ce le nom donné aux formes de *makutu* employées pour contrecarrer la malédiction d'un autre *tohunga* , ou sage ; pour celui qui pratique *makutu* , même s'il est habile dans cet art, devra peut-être céder au *mana* d'un autre sage capable de demander l'aide d'un *Atua plus puissant* . Ce qui suit est un spécimen de ce type de *makutu* :

Grande malédiction, longue malédiction,

Grande malédiction, malédiction contraignante,

Lier votre caractère sacré

À la marée de la destruction.

Viens ici, sortilège sacré,

Être surveillé par moi.

Parce que le sortilège reste discret

Dans la nuit sombre, dans la nuit sombre,

Dans la Nuit du malheur.

Grand vent, vent durable,

Vent changeant de *Rangi* ci-dessus.

Il tombe. Il périt.

Parce que dépérir le *tohunga maudit* .

Qu'il morde les pierres du four.

Sois de la nourriture pour moi,

Le *tapu* et le *mana* ,

De ton *Atua* ,

De ton *karakia* ,

De ton *tohunga* .

Parmi les *Atua* très impressionnés par les *Maoris se trouvaient* les *Atua noho* , ou dieux de la maison, esprits des germes des enfants à naître. Ils sont également connus sous le nom de <u>*Kahukahu*</u> , dont la signification a été expliquée dans une publication antérieure.

Les *Maoris* croient également fermement aux présages dérivés des rêves et de tout mouvement brusque du corps ou des membres pendant le sommeil, signes qui sont tous considérés comme des avertissements de la part des *Atua* .

Il existe une classe de rêves appelés *moe -papa* , qui sont très malchanceux : et si quelqu'un fait un de ces rêves, il évitera de se lancer dans un voyage projeté ; car on croit fermement que s'il persiste à partir, il tombera dans une embuscade ennemie ou rencontrera un autre malheur. D'où la remarque proverbiale, si une personne a négligé un tel avertissement et s'est engagée dans un groupe de guerre : « Il a été averti par un *moe -papa* , et pourtant il est parti. » Le type de sommeil désigné par ce mot est décrit comme étant l'escalade d'un précipice, l'errance dans une forêt, l'entrée dans une maison, l'escalade d'un arbre. De tels rêves sont des avertissements de mort. Ils semblent être tels que nous appelons des cauchemars.

Les mouvements des membres ou du corps pendant le sommeil sont appelés *takiri* , certains étant chanceux, d'autres malchanceux, chaque espèce étant distinguée par un nom spécial.

Les *takiri chanceux* sont...

Le *hokai* , ou départ de la jambe ou du pied vers l'avant. Cela dénote la repousse de l'ennemi.

Le *tauaro* , ou départ du bras vers le corps.

Le *whakaara* , pendant le sommeil, la tête démarre vers le haut. Cela signifie que d'ici peu l' *Ariki* ou son père arrivera.

Le *kapo* , un signe très chanceux. Tandis qu'un homme dort avec son bras droit pour oreiller, si le bras commence à frapper sa tête, au réveil il n'en parlera pas à ses compagnons ; car il sait par ce présage que dans la prochaine bataille qui aura lieu, il aura le bonheur de tuer le premier homme de l'ennemi.

takiri malchanceux sont—

Le *kohera* , un départ du bras et de la jambe d'un côté du corps vers l'extérieur.

Le *peke* , un départ du bras vers l'extérieur du corps.

Le *whawhati* , un sommeil dans lequel les jambes, le cou et la tête sont repliés vers le ventre. C'est très malheureux. Le mal ne viendra pas à une autre personne, mais s'attaquera à l'homme lui-même.

Les premiers *takiri* ne dénotent pas nécessairement le mal envers le dormeur individuel, mais envers n'importe lequel de ses compagnons.

CHAPITRE IV.

RITES RELIGIEUX DES MAORI.

Tantum Religio potuit suadere .— *Lucrèce* .

Vous me posez des questions sur les coutumes des hommes *maoris* , sur leur origine, sur la manière dont les hommes en sont venus à les apprendre. C'est de là que les hommes les ont appris. Leurs connaissances ne datent pas des temps modernes. Papa, Rangi , Tiki furent les premiers à donner des règles aux hommes pour les travaux de toutes sortes, pour tuer, pour manger des hommes, pour *karakia* . Autrefois, grâce à cet enseignement, les *Maoris* possédaient une grande connaissance dans tous les domaines, et ainsi les hommes apprirent à établir des règles pour telle ou telle chose. De là vint la cérémonie du *Pure* pour les morts, les *karakia* pour le nouveau-né, pour les hommes adultes, pour la bataille, pour la prise d'un *Pa* , pour les anguilles, pour les oiseaux, pour *les makutu* , et une multitude d'autres *karakia* . Tiki était la source d'où ils descendaient vers le *tupua* , le *pukenga* , le *wananga* et le *tauira* . Les hommes des temps anciens sont une source d'invocation pour la *tauira* . C'est pourquoi le *karakia* avait son pouvoir et se transmettait d'une génération à l'autre en ayant toujours un pouvoir. Autrefois, leur *karakia* donnait le pouvoir aux hommes. A partir du moment où le *Rongo -pai* (=Evangile) est arrivé ici et que les hommes n'étaient plus *tapu* , la maladie a commencé. L'homme d'autrefois n'était pas atteint de maladie. Il n'est mort que plié par l'âge. Il est mort alors qu'il arrivait à la fin naturelle de sa vie.

Ce que je vous écris commence par le *karakia* d'une mère lorsque ses seins ne donnent pas de lait. Après la naissance d'un enfant, si les seins de la mère ne contiennent pas de lait, son mari opte pour le *tohunga* . Lorsque le *tohunga* arrive, la mère et l'enfant sont portés au bord de l'eau, et le *tohunga* trempant une poignée d'herbe dans l'eau, l'asperge sur la mère. L'enfant est enlevé à la mère par le *tohunga* , qui répète alors ce *karakia* :—

Les sources d'eau d'en haut me donnent,

A verser sur le sein de cette femme.

Donne-moi la rosée du ciel,

Faire couler le sein de cette femme ;

Aux pointes de la poitrine de cette femme ;

Des seins qui coulent de lait,

Coulant jusqu'aux pointes de la poitrine de cette femme,

Lait en abondance.

Pour l'instant, l'enfant pleure et gémit,

Dans la grande nuit, dans la longue nuit.

Tu le bienfaiteur,

Tu es le donateur,

Tu le généreux,

Viens à moi, à cette *tauira* .

Après cela, l'enfant est plongé dans l'eau et la mère et l'enfant sont séparés. Une nuit entière, ils sont séparés, afin que le *karakia* puisse faire effet. La mère reste seule dans sa maison, tandis que le *tohunga* assis dehors répète son *karakia* . Le *tohunga* dit également à la femme : « Si les pointes de vos seins commencent à vous démanger, ouvrez vos vêtements et allongez-vous nue. » Quelque temps après, ses seins commencent à la démanger et la femme sait que le *karakia* fait effet. Ensuite, ses seins deviennent douloureux et elle crie au *tohunga* « mes seins me démangent et sont douloureux, ils sont pleins de lait ». Ensuite, l'enfant est amené à la mère. Voyez quel pouvoir possédait le *karakia* des *Maoris* .

C'est un mot, une pensée de moi. Il n'y a pas eu de signe remarquable ces dernières années, depuis l'arrivée du Rongo -pai (=Evangile), comme les signes vus sur cette île lorsque les hommes étaient *tapu* , lorsque *les karakia* avaient le pouvoir. Un signe observé sur cette île était le Rakutia (= le soleil fermé). À midi, il faisait sombre et on voyait les étoiles. Après peut-être deux heures d'obscurité, la lumière du jour revint. Nos pères ont vu ce signe ; mais il n'y a plus de signes comme ceux d'autrefois.

CÉRÉMONIE DE TUA.

Lorsqu'un enfant mâle naît d'un chef, toute sa tribu se réjouit. La mère est séparée des habitants de la colonie, pour éviter qu'elle n'entre en contact avec des personnes occupées à cultiver le *kumara* , de peur que quelque chose appartenant à la mère ne soit accidentellement touché par eux, de peur que le *kumara* ne soit affecté par son état de *tapu* ; car le caractère sacré de tout *rehu-wahine* est grandement redouté.

Lorsque l'enfant a environ un mois et qu'il s'efforce avec ses mains d'atteindre le sein de sa mère, la cérémonie de *Tūa* a lieu. Deux feux sont allumés ; un feu pour les *Ariki* , un feu pour les *Atua* . La nourriture à cuire sur le feu est de la racine de fougère. Alors le *tohunga* prend l'enfant dans ses bras, et répète ce *karakia* :—

Respire vite ton poumon,

Un poumon sain.

Respire fort ton poumon,

Un poumon ferme,

Un poumon courageux.

Couper [28] pour votre courage,

* * labourer la nourriture,

Couper pour avoir manié l'arme,

* * conjurer,

* *s'emparant du premier homme,

* * prendre d'assaut le *Pa* .

etc. etc.

etc. etc.

Le petit garçon a [29] ans,

* * * * grimpé [29],

* * * * levé dans les bras,

Le petit garçon est exempt de *tapu* ,

Il court librement là où la nourriture est cuite.

Fais que ce *karakia* coule doucement,

Aux *Pukenga* ,

Aux *Wananga* ,

Aux *Tauiras* .

Lorsque ce *karakia* se termine, la cérémonie de *Poipoi* (= agitant) suit. Le *tohunga* prend la racine de fougère cuite pour les *Atua* et, en l'agitant au-dessus de l'enfant, répète ces mots : « Ceci est pour les *Tipua* , pour les *Pukenga* , pour les *Wananga* . Mange le. C'est la nourriture préparée pour que vous puissiez manger. La racine de fougère cuite est ensuite déposée sur le lieu sacré. Ensuite, l'enfant est pris dans les bras de la femelle *Ariki* , qui agite dessus la racine de fougère cuite sur son feu et touche avec elle différentes parties du corps de l'enfant. On dit alors que l' *Ariki* mange cette racine de fougère, mais en réalité il ne le fait pas. Elle se contente de crache dessus, et le jette sur le lieu sacré.

S'il y a plusieurs femelles *Ariki* de la même famille dont une est absente, une figure est réalisée avec des herbes pour la représenter. Ensuite, une partie de la racine de fougère est offerte au personnage et y est coincée. Toutes ces cérémonies se déroulent sur un terrain sacré. La partie de la cérémonie – celle qui consiste à toucher le corps de l'enfant avec la nourriture que l' *Ariki* doit manger – est appelée *kai- katoa* . Après cela, l'enfant est libéré du *tapu* , afin que les personnes de la famille puissent le prendre dans leurs bras.

Aucune autre cérémonie n'a lieu jusqu'à ce que l'enfant arrive à la jeunesse, lorsque ses cheveux sont coupés et que le jeune est libéré du *tapu* . Les cheveux doivent être coupés le matin afin d' assurer une stricte observance du *tapu* ; car ce n'est pas seulement le *tohunga* qui doit être *tapu* à cette occasion, mais aussi toute la tribu. Ce *tapu* commence le matin et personne ne doit manger de la nourriture tant qu'il dure. Si quelqu'un mange pendant ce temps, il sera découvert ; car si la peau de la tête d'un enfant est coupée en coupant les cheveux, on sait immédiatement que quelqu'un a mangé de la nourriture. C'est un signe certain. Après que les cheveux soient coupés, la cérémonie de *Poipoi* est à nouveau observée, et le *tohunga* levant alors les mains répète ce *karakia* , et le jeune est libre :

Mes mains sont levées,

Et ce caractère sacré ici.

Tu- i - whwhia , Tu- i - rawea ,

Votre liberté du *tapu*

Assurez-vous de l'obtention.

Assurez-vous de la liberté.

Assurez-vous-en à papa.

Donne-moi mon *tu* :

Élevez le sacré :

Soulevez-le : il l'emporte.

Mes mains ici sont levées [30],

A Tiki, là, mes mains,

À Hine-nui-te-po mes mains,

Ceux-ci sont désormais exempts de *tapu* .

Liberté. Ils sont libres.

CÉRÉMONIES POUR LES MORTS.

Lorsqu'un homme meurt, son corps est placé en position assise et attaché à un pieu pour le maintenir dans une bonne position. Il est assis face au soleil lorsqu'il se lève de sa grotte. Alors chacun s'approche pour se lamenter. Les femmes devant, les hommes derrière. Leurs vêtements sont ceints autour de leurs reins. Dans leurs mains ils tiennent des feuilles et des branches vertes, alors le chant appelé *keka* commence ainsi :

Tohunga chants Ce n'est pas un homme,

Tous	"	{ C'est Rangi maintenant envoyé sur terre,
		{ Hélas ! mon ami.
Tohunga	"	Mon mauvais présage,
Tous	"	{ L' éclair jetant un coup d'œil sur le sommet de la montagne
		{ Te Waharoa condamné à mort.

Après le *keka* , l' *uhunga* ou lamentation commence. Les vêtements avec lesquels le cadavre doit être habillé sont le *kahuwaero* , le *huru* , le *topuni* et le *tatata* . La complainte terminée, des cadeaux sont étalés, des ornements en pierre verte et d'autres offrandes pour le chef décédé. Un coffre sculpté, orné de plumes, est également réalisé, ainsi qu'un canot sculpté, un petit ressemblant à un grand canot, qui est peint en *kokowai* (= ocre rouge) ; aussi un bâton courbé au sommet est placé au bord du chemin, afin que les passants puissent le voir et savoir qu'un chef est mort. C'est ce qu'on appelle un *hara* . Le coffre *sculpté* est appelé *wharerangi* . Seul le cadavre est enterré, les vêtements sont déposés dans le coffre sculpté qui est conservé par la famille et les descendants comme une relique sacrée.

Le matin qui suit l'enterrement, des hommes vont tuer un petit oiseau des marais appelé *kokata* , et cueillir quelques roseaux de *wiwi* . Ils reviennent et s'approchent de la tombe. Le *tohunga* demande alors « D'où viens-tu ? Les hommes répondent : « De la recherche, de la recherche. » Le *tohunga* demande à nouveau « Ah ! Qu'est-ce que tu as? ah ! qu'as-tu gagné ? Là-dessus les hommes jettent à terre le *kotata* et le *wiwi* . Ensuite, le *tohunga* sélectionne une tige d' *orteil* ou *de rarauhe* et la place près de la tombe dans une direction pointant vers Hawaiki pour servir de chemin à l'esprit, afin qu'il puisse suivre le chemin droit vers ceux qui sont morts avant lui. Celui-ci est nommé *Tiri* et est également placé près de l'endroit où il est mort, afin que son esprit puisse revenir sous forme d' *Atua* pour ses parents vivants. La personne à qui apparaît cet *Atua* est appelée le *kaupapa* ou *waka-atua*. Chaque fois que l'esprit apparaît au *kaupapa*, les hommes de la famille se rassemblent pour entendre ses paroles. Écoutez le *karakia* du *kaupapa* pour inciter l'esprit à gravir le chemin du *Tiri*.

Ceci est votre chemin, le chemin de Tawaki ;

Par là, il monta à Rangi ,

C'est par là qu'il est monté vers vos nombreux,

À vos milliers ;

Par là tu t'es approché,

À cela tu t'es accroché,

Grâce à lui, ton esprit est arrivé sain et sauf

À vos ancêtres.

Je suis maintenant ici en soupirant,

Déplorant votre esprit disparu.

Viens, viens à moi sous la forme d'un papillon de nuit,

Viens à moi ton *kaupapa* ,

Que tu aimais,

Pour qui tu as déploré.

Voici le *Tiri* pour vous,

Le *Tiri* de tes ancêtres,

Le *Tiri* de ton *Pukenga* ,

De ton *Wananga* ,

De moi cette *Tauira* .

LE REINGA OU HADÈS.

Lorsque l'esprit quitte le corps, il continue son chemin vers le nord jusqu'à atteindre deux collines. La première de ces collines est un lieu où l'on peut se lamenter avec des lamentations et des coupures. Là aussi, l'esprit se déshabille. [31] Le nom de cette colline est Wai- hokimai . Le nom de l'autre colline est Waiotioti : là, l'esprit tourne le dos au pays de la vie et continue vers le Rerenga-wairua (le saut de l'Esprit). Il y a deux longues racines droites dont les extrémités inférieures sont cachées dans la mer, tandis que les extrémités supérieures s'accrochent à un arbre *pohutukawa* . L'esprit se tient à l'extrémité supérieure de ces racines, attendant une ouverture dans les algues flottant sur l'eau. Dès qu'une ouverture est aperçue, il s'envole vers le Reinga. En arrivant au Reinga, on trouve une rivière et une plage de sable. L'esprit traverse la rivière. Le nom du nouveau venu est crié. Il est accueilli et la nourriture est servie devant lui. S'il mange de la nourriture, il ne pourra jamais revenir à la vie. [32]

CONTE DE TE ATARAHI.

Il y avait un homme nommé Te Atarahi , qui resta cinq nuits et cinq jours dans le Reinga, puis revint à la vie. Le cinquième jour après la mort de cet homme, deux femmes sont sorties couper des feuilles de lin. Pendant qu'ils s'occupaient ainsi, ils observaient les tiges florales du lin qui poussaient de temps en temps, à une petite distance d'eux. Alors une des femmes dit à son compagnon : « Il y a quelqu'un qui suce le jus des fleurs *de korari* . » Peu à peu, cette personne s'est approchée et a été vue par la femme, qui a dit : « L'homme est comme Te Atarahi , pourquoi, c'est sûrement Te Atarahi . Son compagnon répondit : « Cela ne peut pas être Te Atarahi , il est mort. Puis ils regardèrent tous les deux attentivement et virent que la peau de l'homme était ridée et pendait autour de son dos et de ses épaules, et que les cheveux de sa tête avaient tous disparu.

Alors les femmes retournèrent au *Pa* et racontèrent comment elles avaient vu Te Atarahi . "Es-tu vraiment sûr que c'était Te Atarahi ? dirent les hommes du *Pa* . Et les femmes répondirent : « Son apparence était comme celle de Te Atarahi , mais les cheveux de sa tête avaient tous disparu et sa peau pendait en plis autour de son dos. Ensuite, on a été envoyé pour regarder la tombe où Te Atarahi avait été enterré. Il a trouvé la tombe intacte, alors il est revenu et a dit : « Messieurs, le corps est bien enterré, il n'a pas été dérangé. » Alors les hommes allèrent et examinèrent soigneusement l'endroit de tous les côtés, et trouvèrent une ouverture d'un côté, un peu à l'écart. Puis ils se rendirent à l'endroit où Te Atarahi avait été vu par les femmes et y trouva l'homme assis sur un arbre *ti* . Ils savaient immédiatement qu'il était Te Atarahi ; alors ils ont envoyé chercher le *tohunga* . Le *tohunga* est venu et a répété un *karakia* , après quoi l'homme a été emmené au lieu sacré, et le *tohunga* est resté avec lui répétant constamment *un karakia* , tandis que les gens du *Pa* se tenaient debout sans le regarder. L'homme y resta plusieurs jours, et on lui apporta de la nourriture. Le temps passa et il commença à avoir à nouveau l'apparence d'un homme *maori* . Finalement, il se rétablit et se rétablit assez bien. Puis il raconta comment il avait été dans la *Reigna* , comment ses parents l'avaient suivi, et lui ordonna de ne pas toucher à la nourriture, et le renvoya au pays de la Lumière. Il parla également de l'excellence de l'état dans lequel habitaient les habitants de la Reigna , de leur nourriture, de leur mets délicat le *ngaro* , du nombre de leurs *Pa* et de la multitude de leurs habitants, tout ce qui était d'accord avec ce que le *Atua* a dit, lorsqu'ils rendent visite aux hommes sur terre.

NGA PATUPAIAREHE OU FÉES.

Un jour, alors que Ruarangi était absent de sa maison, une Patupaiarehe ou fée s'y rendit et, ne trouvant que la femme de Ruarangi à l'intérieur, l'emmena dans les collines. Lorsque le mari rentra chez lui, sa femme était introuvable. Il suivit cependant ses traces jusqu'aux collines où habitaient les Fées, mais ne vit rien de sa femme. Puis il se sentit sûr qu'elle avait été enlevée par les Fées, et revint triste et pensant à un plan pour la récupérer. Enfin, après avoir réfléchi à un plan, il convoqua les *tohunga* de la tribu, ceux qui sont habiles à ramener l'amour, ceux qui sont experts en *makutu* , bref tous les *tohunga* . Lorsque tous se rassemblèrent devant lui, il leur dit : « La raison pour laquelle je vous ai appelés est la suivante. Ma femme a disparu. Le *tohunga* répondit : « Quand il fait nuit, vous quittez tous vos maisons. » Ainsi , la nuit venue, chacun sortit de sa maison comme le *tohunga* l'avait ordonné. Alors le *tohunga* , habile à restaurer l'amour, se leva et découvrit au bout d'un moment que la femme perdue était avec les Fées. Il a donc commencé un *karakia* pour faire revenir son amour pour son mari *maori* .

Quel vent souffle doucement sur ta peau :

Ne pencheras-tu pas vers ton compagnon,

À qui vous vous accrochiez en dormant ensemble,

Que tu as serré dans tes bras,

Qui a partagé tes chagrins.

Quand le vent te porte ceci mon amour,

Incline ici ton amour,

Soupirant vers le canapé où tous deux dormaient.

Laisse ton amour éclater,

Comme l'eau jaillit de sa source.

Lorsque le *tohunga* eut terminé ce *karakia* , il dit au mari « Va chercher ta femme. Quand elle vous rencontrera, n'hésitez pas à la frotter partout avec *du kokowai* (ocre rouge). L'homme s'en alla donc , et la nuit venue, il s'endormit au bord du chemin. Pendant qu'il dormait, il vit sa femme venir à sa rencontre. Sur ce, il se réveilla en sachant pertinemment que le *tohunga* avait dit vrai. Au point du jour, il reprit son chemin, et après quelque temps il aperçut le *Père* des Fées. Personne n'était à l'intérieur du *Pa* . Tous étaient allés voir la femme *maorie* . Maintenant, un grand désir envers son mari *maori* était venu à la femme portée par le *karakia* du *tohunga* , alors la femme dit à son mari fée "Laisse-moi aller rendre visite à mes nouveaux beaux-frères." Elle dit cela avec tromperie ; car lorsque son mari fée y consentit, elle alla aussitôt à la rencontre de son mari *maori* , qui, dès qu'elle s'approcha, la frotta partout avec *du kokowai* et se hâta de rentrer chez elle avec elle.

Pendant ce temps, la fée mari attendait son retour. Il attendit longtemps et partit enfin à sa recherche : il découvrit enfin les traces d'un homme et d'une femme, puis il comprit qu'elle était partie avec son mari. Ainsi, le groupe de guerre des Fées s'est rassemblé et est allé attaquer le *Pa Maori* . Mais ils trouvèrent les poteaux du *Pa* barbouillés de *kokowai* , et les feuilles utilisées dans les fours pour la cuisson, jetées sur les toits des maisons : le *Pa* aussi était plein de la vapeur des aliments cuits. Quant à la femme, elle a été placée en cachette dans un four. Les Fées craignaient donc de s'approcher ; car comment pourraient-ils entrer dans le *Pa* avec leur peur du *kokowai* et de la vapeur des fours qui remplissaient la cour. Leur peur des aliments cuits est si grande.

Alors les *tohunga Maori* tous debout chantèrent un *karakia* pour endormir les Fées.

Poussé de côté, poussé au loin,

Mettez de côté votre caractère sacré,

Écartez votre *tohunga* :

Laisse-moi, laisse-moi te noter,

Laisse-moi marquer ton front,

Donne-moi alors ton caractère sacré,

Toi *mana* , ton *tohunga* ,

Ton *karakia* donne-moi,

A placer à côté des pierres du four,

A placer à côté des cendres,

A placer à côté du *kokowai* .

Maintenant, ceux-ci reposent sur ta tête,

Sur vos lieux sacrés,

Sur votre femelle *Ariki* .

Votre caractère sacré est détruit.

À la fin de cette *karakia* , toutes les fées étaient assises par terre. Leur chef alors se leva et chanta ainsi :

Hélas! pour ce jour

Ce qui m'opprime maintenant.

J'ai tendu la main

Au compagnon de Tirini .

J'ai suivi mes traces,

Et charmé rendait l'amour,

A Pirongia là-bas.

Cette tribu redoutée est défaite,

Tiki [34] et Nukupouri [34]

Et Whanawhana [34]

Et moi Rangi-pouri : [34]

J'ai enlevé la femme,

Je suis le premier agresseur :

Je suis allé entrer dans la maison de Ruarangi ,

Pour tendre la main,

Toucher la peau *des Maoris* .

La frontière est marquée au four,

Pour éviter qu'il ne soit écarté,

Pour garder la femme en sécurité.

Il pensait que le pouvoir de son *karakia* allait apparaître ; mais il ne put vaincre les artifices du *tohunga maori* ; car comment pourrait-il prévaloir sur les aliments cuits, les fours, les *kokowai* et les nombreux autres appareils du *tohunga* . On voyait donc que le pouvoir du *karakia* n'était pas possédé par les Fées. Le seul pouvoir qui leur était donné était d'étouffer les hommes.

CHAPITRE V.

LE CHEF MAORI D'ANCIEN TEMPS.

Θε ὸ ς δ' ὣ ς τ ί ετο δ ή μ ῳ . — *Homère.*

Les chefs qui sont venus de Hawaiki à Aotearoa dans la pirogue Arawa étaient les suivants : Tia, Maka , Oro, Ngatoroirangi , Marupunganui , Ika , Whaoa , Hei et Tama-te-kapua . Après que leur pirogue ait été débarquée à Maketu, ces chefs partaient à la découverte du pays, afin de prendre possession des terres, chacun pour lui et sa famille.

Tia et Maka se rendirent à Titiraupenga , à Taupo, et y restèrent.

Oro se rendit à Taupo, puis à Wanganui.

Ngatoroirangi se rendit à Taupo et mourut à Ruapehu.

Marupunga se rendit à Rotorua et y mourut.

Ika est allé à Wanganui et y est mort.

Whaoa est allé à Paeroa.

Hei est allé à Whitianga (Mercury Bay). Il fut enterré à Oa- Hei , à l'extrémité du promontoire.

Tama-te-kapua se rendit à Moehau (Cap Colville).

Waitaha , fils de Hei , et Tapuika , fils de Tia, et Tangihia , fils de Ngatoro-i-rangi , restèrent à Maketu. Tuhoro et son jeune frère Kahumata-momoe , fils de Tama-te-kapua , restèrent également à Maketu. Leur *père* s'appelait Te Koari , et c'est toujours un lieu sacré. Leur maison s'appelait Whitingakongako . Kahu avait une culture nommée Parawai, que sa mère lui a donnée.

Alors qu'il travaillait un jour dans son jardin, Tuhoro le frappa et ils luttèrent ensemble. Le frère aîné est tombé et, se trouvant sous son frère cadet, il l'a maintenu au sol. Alors leurs enfants et toute la tribu crièrent : « Que ton frère aîné se lève. » Alors il l'a laissé partir ; mais leur querelle se poursuivit avec des paroles de colère. « Un jour , je te tuerai, » dit Kahu, « et personne ne te sauvera. » Tuhoro , enragé, frappa de nouveau Kahu ; mais il fut jeté à terre une seconde fois par Kahu. Alors Tuhoro saisit l'oreille de Kahu et en arracha une pierre verte ; le nom de cette pierre était *kaukaumatua* . Tuhoro le garda, et quelque temps après l'enfouit en terre, au pied du poteau près de la fenêtre de la maison de leur père.

Après cela , Tuhoro résolut de suivre son père, Tama-te-kapua . Alors il est parti, lui et tous ses enfants. Il n'en a laissé aucun derrière lui. Il se rendit à Moehau , et là, lui et son père moururent tous deux.

Lorsque Tama-te-kapua fut sur le point de mourir, il dit à son fils Tuhoro : « Tu dois rester sacré pendant trois ans et habiter à l'écart de la tribu. Qu'il y ait trois jardins à côté de votre maison, considérés comme sacrés, dans lesquels vous cultiverez la nourriture pour les *Atua* . La quatrième année, réveille-moi du sommeil ; car mes mains ramasseront toujours la terre, et ma bouche mangera toujours des vers, des larves et des excréments, la seule nourriture en bas dans le *Reinga* (demeure des esprits). Quand ma *tuuta* [35] descendra, et que ma tête tombera sur mon corps, et que mes mains tomberont, et que la quatrième année arrivera, tourne mon visage vers la lumière du jour, et déterre mon *papa-toiake* . [36] Quand je me lèverai, tu seras *noa* (libre de *tapu* .)

Si les clubs menacent de faire grève,

Vous y veillerez. Oui, oui.

Si un groupe de guerre est à l'étranger,

Vous frapperez… Oui, oui.

Cela dit, Tama-te-kapua mourut et fut enterré par son fils au sommet du Moehau .

Les trois années prescrites par Tama ne furent pas terminées lorsque Tuhoro commença à cultiver de la nourriture comme autrefois ; alors les restes sacrés de son père se retournèrent contre lui, et il mourut.

Peu de temps avant sa mort, ses fils, Taramainuku , Warenga et Huarere , se réunirent en sa présence. Sur quoi Tuhoro dit : « Ton jeune frère doit m'enterrer. » C'est ainsi que fut appelé le plus jeune fils. Ihenga vint s'asseoir à côté de son père dans sa maison sacrée, qui lui ordonna ainsi : « Quand je serai mort, emmène-moi hors de la maison et étends-moi nu pour être ton *Ika-hurihuri* [37] (poisson tordu). Mords d'abord mon front avec tes dents, mords ensuite avec tes dents mon *tahito* [38] (périnée). Alors emmène-moi sur la tombe de ton grand-père. Quand je serai enterré, va à Maketu.

"Pourquoi dois-je aller à Maketu?"

"Pour que votre oncle puisse accomplir les cérémonies pour retirer votre caractère sacré."

"Mais comment le connaîtrai-je?"

Alors le père dit : « Il ne vous sera pas inconnu. »

« Ho ! quelqu'un me tuera en chemin.

« Ce n'est pas le cas. Vous irez en sécurité au bord de la mer.

"Mais je ne le retrouverai jamais."

« Vous ne pouvez pas le confondre. Regardez son oreille droite pour une partie qui pend. C'est un homme grand et petit, avec un œil endormi. Quand vous approcherez de votre oncle, afin qu'il vous reconnaisse, allez tout de suite vous asseoir sur son oreiller. Lorsque vous serez tous deux libérés du sacré, cherchez la boucle d'oreille de votre oncle sous le montant de la fenêtre.

"Mais comment puis-je le trouver?"

« Vous le trouverez. Creusez pour ça. Il y est enterré , enveloppé dans un morceau de tissu avec de l'écorce *de manuka* à l'extérieur.

Ainsi, lorsque le père mourut, son corps nu fut sorti de la maison et déposé par terre. Le plus jeune fils mordit le front avec ses dents, puis mordit avec ses dents le *tahito* de son père, en disant en même temps : « Apprends-moi quand je dors ».

La raison pour laquelle il mordit le front et le *tahito* était que le *mana* , ou pouvoir sacré de son père, pourrait l'inspirer, afin qu'il devienne son *tauira* , *c'est-à-dire* le représentant vivant de son *mana* et *de son karakia* . Alors le jeune homme s'adressa ainsi au cadavre : « Si désormais un ennemi nous attaque, montre-moi si la mort ou la sécurité seront pour nous. Si ce pays est abandonné, toi et ton père serez abandonnés, et votre descendance périra.

Alors le cadavre bougea et s'inclina vers la droite. Ensuite, il s'incline vers la gauche. Une seconde fois, elle s'inclina vers la droite, puis vers la gauche. Après cela, le mouvement du corps cessa. On voyait donc que c'était un mauvais présage et que le pays serait désert.

Après avoir ainsi disposé le cadavre, ses jambes étaient pliées, de sorte que les genoux touchaient le cou, puis il était attaché dans cette position avec une ceinture tressée. Ensuite, deux manteaux, en *kahakaha* , furent enroulés autour du cadavre, sur lesquels furent placés deux manteaux comme ceux que portent les vieillards, puis un manteau en peau de chien. Les plumes de l'albatros, du *huia* et du *kotuku* (grue blanche), étaient coincées dans les cheveux de la tête, et le duvet de la poitrine de l'albatros était attaché aux oreilles. Puis commença le *tangi* (chant funèbre ou lamentation). Puis les derniers mots d'adieu furent prononcés et les chefs prononcèrent des discours. La plainte de Rikiriki et la plainte de Raukatauri pour Tuhuruhuru ont été chantées ; et le cadavre fut enterré sur la crête de Moehau .

Or, pendant que le jeune homme dormait, l'esprit de son père lui dit : « Quand tu as faim, ne laisse pas ta bouche demander de la nourriture ; mais frappez avec un bâton le panier de provisions. Si vous avez soif, frappez la gourde. Chaque nuit, l'esprit du père enseignait au jeune homme ses *karakia* , jusqu'à ce qu'il les ait tous appris ; après quoi il dit à son fils : « Maintenant, nous allons y aller tous les deux, et aussi quelqu'un pour porter de la nourriture. »

donc tous les deux, l'esprit du père ouvrant la voie. Partant de Moehau, ils passèrent par Heretaonga , Whangapoua , Tairua , Whangamata , Katikati et Matakana. Là, ils se reposèrent. Après cela, ils se rendirent à Rangiwaea , où Ihenga s'embarqua dans une petite pirogue sacrée, tandis que son compagnon de voyage montait à bord d'une grande pirogue. Puis ils ont traversé vers Waikoriri . Ici, Waitara souhaitait le retenir, mais il ne voulait pas rester. Il se dirigea directement vers Wairakei et le Houhou . Il rencontra un homme et lui demanda où habitait Kahu. L'homme dit : « Dans la grande maison que vous voyez là-bas. » Ihenga continua donc sa route, et ayant atteint l'endroit où l' Arawa fut transporté à terre, il regarda autour de lui, puis se dirigea vers le lieu sacré, le Koari , et y quitta *l'ueta* de son père [39]. Il gravit ensuite la falaise jusqu'au Teko, franchit la porte de Kahu, se dirigea directement vers la partie sacrée de la cour et s'assit sur l'oreiller de Kahu.

Pendant ce temps, Kahu était sur la plage, où les invités se divertissaient habituellement, occupés à envoyer un canoë avec de la nourriture pour les *Atua* à Hawaiki et pour Houmaitahiti , de la nourriture cuite et crue. Ce canot était fabriqué en *raupo* (une espèce de scirpe). Il n'y avait personne dans le canot, seulement des pierres représentant des hommes. Là, Kahu était occupé à envoyer son canoë, lorsque sa femme, Kuiwai , lui cria : « Kahu, Kahu, il y a un homme sur ton lieu de repos. Alors Kahu s'écria : « Prends-le ; poussez-le ici. La femme répondit : « Qui oserait s'approcher de ton oreiller ? l'homme est *tapu* . Puis Kahu a crié : « Est-il assis sur mon oreiller ? "Oui." «Je suis fou de colère», dit Kahu; "c'est sa tête qui paiera pour cela."

Ihenga était vêtu de deux manteaux en peau de chien, sous lesquels se trouvaient deux manteaux *kahakaha* . Alors que Kahu s'approchait du *Pa* , il demanda : « Par quel chemin cet homme est-il venu ? La femme répondit : « Il a grimpé par-dessus votre portail. »

À ce moment-là, Kahu avait atteint la clôture et aperçut le jeune homme.

A peine l'a-t-il vu qu'il a reconnu sa ressemblance avec son frère Tuhoro et l'a immédiatement accueilli : « Oh ! C'est mon neveu. Bienvenue, mon enfant, bienvenue. Il commença alors à se lamenter et à murmurer sur lui des paroles d'affection ; la tribu savait donc qu'il s'agissait du jeune fils de Tuhoro .

Après la plainte, Kahu a demandé des nouvelles de son frère et le jeune homme a dit : « Mon père est mort. Je l'ai enterré. Je suis venu vers vous pour accomplir les cérémonies du *pur* et de l' *horohoro* , pour enlever mon caractère sacré. Immédiatement, Kahu cria à la tribu : « Le *marae* (cour) est *tapu* » et conduisit le jeune homme à la maison sacrée des prêtres. Il fit alors préparer à manger — un chien de la race d' Irawaru — et, pendant qu'il cuisait, il alla avec le jeune homme se plonger dans la rivière. Son compagnon, un fils de son frère, Warenga , resta avec le reste de la tribu. Après avoir plongé dans la rivière, Kahu a commencé à couper les cheveux du jeune homme, ce qui fait partie de la cérémonie de *Pure* . Le soir, les cheveux étant coupés, le *mauri* , [40] ou caractère sacré des cheveux, était attaché à une pierre.

Puis Kahu se rendit avec Ihenga au Koari , où l' *ueta* du cadavre avait été laissé, et y chanta un *karakia* . Ils se reposèrent ensuite pour la nuit.

Le lendemain matin, la cérémonie des *Purs* fut terminée et le *karakia suivant* fut chanté par Kahu :

Complétez le rite de Pure,

Par lequel tu seras libéré de

La mauvaise influence de Po,

Le pouvoir envoûtant de Po.

Libère le canoë du caractère sacré, ô Rangi ;

Le canot de trébucher par inadvertance, O Rangi ;

Le canoë de la mort sans le savoir, O Rangi .

Ténèbres pour les Tipua , ténèbres.

Ténèbres pour l'Ancien, ténèbres.

Un peu de lumière au-dessus,

Un peu de lumière en dessous.

Lumière pour la Tipua , lumière.

Lumière pour l'Ancien, lumière.

L' *uwha* [41] est maintenu en l'air.

Une pression, une pression.

Protection contre Tu.

Après cela, ils allèrent manger ; et le four du *kohukohu* [42] fut ouvert. Pendant que Hine- te - kakara (la demoiselle parfumée) découvrait le four , elle prit soin de détourner son visage, de peur que la saveur du *kumara* et la vapeur du four sacré ne s'approchent de sa bouche, que le mal ne survienne. à elle. Elle n'avalait même pas son crachat, mais continuait à le cracher.

Lorsque la nourriture fut placée devant Kahu et Ihenga , Ihenga prit une partie du *kohukohu* dans lequel étaient enveloppés deux *kumara* et le tint dans sa main, tandis que Kahu chantait le *karakia suivant* :

Rangi , grand Rangi ,

Long Rangi , Rangi sombre ,

Darkling Rangi , Rangi à étoile blanche ,

Rangi enveloppé dans la nuit.

Tane le premier, Tane le second,

Tane le troisième, etc.

(Répété à Tane le dixième).

Tiki, Tiki du monticule de terre,

Tiki pris dans les mains,

Pour former les mains et les jambes,

Et la mode d'un homme,

D'où venaient les hommes vivants.

Toi,

Rauru ,

Whétima ,

Whetango ,

Te Atua- hae ,

Toit - te - huatahi ,

Tuamatua ,

Houmaitahiti ,

Ngatoroirangi ,

Et ton premier mâle né

Je vis désormais à la lumière du jour.

Pendant que Kahu chantait ainsi, le *kohukohu* était tenu dans la main d' Ihenga . Kahu a ensuite procédé à la lignée masculine directe :

Tangihia ,

Tangimoane ,

Tumakoka ,

Tukahukura ,

Tuhoto ,

Tarawhai .

Là se termina la récitation de Kahu, et il poursuivit sa propre ligne :

Houmaitahiti ,

Tama ,

Tuhoro ,

Et à ta postérité née à la vie,

Et à la lumière du jour.

C'est ton *kohukohu* de l' *horohoronga* ,

Pour alléger le poids du *tapu* .

Il est libre, il est libéré du *tapu* .

Il va en toute sécurité là où l'on prépare les aliments,

Aux puissants esprits maléfiques de la Nuit,

Aux bons et puissants esprits de la Nuit,

Aux mauvais esprits puissants de la Lumière,

Aux bons et puissants esprits de la Lumière.

Ensuite, le *kohukohu* était offert comme nourriture aux images de pierre, et était divisé pour Houmaitahiti , pour Ngatoroirangi , pour Tama-te-kapua et pour Tuhoro , et était pressé dans leurs bouches [43]. Ceci étant fait, Ihenga prit un autre *kohukohu* et le tint dans sa main en le levant vers le haut, tandis que Kahu chantait le *karakia suivant* :

Pour Hine-nui-te-po,

Pour Whati - uri - mata -kaka,

Pour les méchantes vieilles femmes de la Nuit,

Pour les bonnes vieilles femmes de la Nuit,

Pour les méchantes vieilles femmes du jour,

Pour les gentilles vieilles femmes du Jour,

Pour Kearoa ,

Dont la progéniture est née à la vie,

Et à la lumière éclatante du jour,

Ce *kohukohu* vous est offert,

Le *kohukoku* des *Ruahine* .

Il est libre, il n'est plus *tapu* .

Les femelles *Atua* étaient ensuite nourries avec le *kohukohu* comme dans le premier cas. Ensuite, une partie du *kohukohu* fut offerte à la mère, Whaka-oti-rangi. [44]

Détourne-toi de la nuit,

Venez le jour.

C'est le *kohukohu* de la liberté,

Et la délivrance de *Tapu* .

Ceci fait, Ihenga prit un autre *kohukohu* et le tint en l'air dans sa main, tandis que Kahu chantait ainsi :

Gros plan la nuit, gros plan le jour,

Gros plan sur la nuit sous le doux vent du sud.

Le *tapu* de la nourriture

Et le *mana* de la nourriture,

La nourriture avec laquelle vous êtes nourri,

La nourriture de Kutikuti ,

La nourriture de Pekapeka ,

La nourriture de Haua-te-rangi .

Je mange, Uenuku mange.

Je mange, Kahukura mange.

Je mange, Rongomai mange.

Je mange, Ihungaro mange.

Je mange, Itupaoa mange.

Je mange, Hangaroa mange.

Je mange, Ngatoro-irangi mange.

Je mange, Tama mange.

Cela terminé, Kahu procéda ainsi :

Si je tombe du précipice,

Ne me laisse pas faire de mal.

Si je tombe sur le *taramoa* ,

Ne me laisse pas égratigner.

Si je mange du *maihi* [45] de la maison *de Tohunga* ,

Ne me laisse pas faire de mal.

Sois au-dessous,

Alors que je suis au premier plan.

Donnez-moi votre *mana* pour abattre.

Fermez bien vos dents dévoreuses d'esprit.

Fermez bien vos dents dévoreuses d'hommes.

Alors Kahu cracha sur le *kohukohu* , souffla dessus et l'offrit à Tama , c'est-à-dire à l'image de Tama-te-kapua . Kahu et Ihenga ont ensuite mangé la nourriture préparée pour eux dans le four sacré. Ihenga mangeait avec une fourchette, tout en nourrissant Kahu avec sa main gauche.

Les mêmes cérémonies étaient observées au repas du soir.

Huit jours après la cérémonie du *Pure* , le cœur d' Ihenga conçut un désir. Il a été séduit par le beau visage de Hinetekakara ; alors il a demandé à Kahu : « Quand serons-nous tous les deux libérés du *tapu* ? Kahu a répondu : « Nous ne serons pas bientôt libres tous les deux. » "Oh! sois prompt, dit Ihenga , afin que je puisse retourner auprès de mes frères aînés, de ma mère et de mes sœurs. Kahu dit : « Vous ne serez pas renvoyé de sitôt, pas tant que le *tapu* ne vous sera pas complètement retiré. » « Combien de nuits alors, après cela ? »

Kahu répondit : « Vingt nuits. »

« Ho ! combien de temps, dit Ihenga , pour notre *tapu* .

La remontrance du jeune homme se termina ici ; mais peu de temps après il persista de la même manière. Là-dessus, Kahu commença à réfléchir : « Ha ! pourquoi mon neveu persiste-t-il ? Alors il demanda : « Pourquoi es-tu si pressé de te libérer du *tapu* ? » Alors le jeune homme dit : « De qui est la fille de la jeune fille qui prépare notre nourriture ? »

"Le mien", répondit Kahu.

"Ma crainte", dit Ihenga , "que quelqu'un ne puisse l'avoir."

"Je pensais qu'il devait y avoir quelque chose."

"Ne laissez pas un autre homme l'avoir."

"Ta cousine sera ta femme", dit Kahu en appelant la demoiselle : "Viens ici, ma fille, près de la porte."

La jeune fille est venue en riant, car elle savait qu'elle devait être donnée à Ihenga .

Kahu dit alors : « Votre cousin a envie de vous. »

"C'est bien", répondit la demoiselle.

"Oh! mes enfants », murmura Kahu. Il a ensuite conseillé à sa fille de ne pas entrer dans la maison où les jeunes se divertissent.

"Je ne vais jamais au théâtre", répondit Hinetekakara , "Je dors toujours avec ma mère dans notre propre maison. »

« Vous faites bien », dit Kahu ; "Dans vingt jours, nous serons tous deux libérés de notre *tapu* ."

donc tous deux à habiter seuls dans leur maison sacrée, et la demoiselle leur préparait toujours à manger ; et lorsque le jour fixé par Kahu arriva, il envoya Ihenga dans une pirogue pour attraper du poisson afin d'achever la cérémonie d'enlèvement du *tapu* . Les poissons étaient pêchés et deux fours étaient préparés pour les cuire : un four sacré pour les *tohunga* , ou voyants experts en savoir sacré, et un four gratuit pour les *tauira* , ou ceux qui étaient instruits en savoir sacré. Et quand la nourriture était cuite, ils se rassemblaient pour la manger : les *tohunga* de droite se nourrissaient mutuellement à la main, et les *tauira* de gauche mangeaient librement leur nourriture non sacrée. Cela a été fait pour alléger le poids des *tapu* , afin qu'ils puissent être libres. Quand tout cela fut fait, et qu'ils n'étaient plus *tapu* , Hinetekakara devint l'épouse d' Ihenga .

Le lendemain matin, Ihenga chercha le *kaukaumatua en pierre verte* et le trouva à l'endroit où Tuhoro l'avait enterré. Il l'attacha ensuite à l'oreille de Hinetekakara , lui ordonnant d'aller montrer le trésor à son père. Lorsque Kahu vit son trésor perdu pendu à l'oreille de sa fille, il exprima ses sentiments avec des larmes et des mots d'affection pour son frère décédé, et lorsque le *tangi* ou la plainte fut terminé, il lui ordonna de garder le trésor pour elle et pour son cousin.

Quelque temps après , Hinetekakara conçut et Ihenga alla attraper *du kiwi* pour son *turakanga* . [46] Il emmena avec lui son chien Potakatahiti , un de la même race que le chien du même nom qui fut dévoré par Toi et Uenuku. [47] Traversant le marais Kawa, il se rendit à Papanui, et arrivant au carrefour de Waipumuka gravit la colline Paretawa . De là, il se rendit à Hakomiti et Pukerangiora et commença à chasser *le kiwi* . Le chien, sentant la chaleur et ayant soif, partit à la recherche d'eau, tout en chassant *le kiwi* . Lorsqu'il attrapait un *kiwi,* il le laissait par terre. Finalement, un kiwi *courut* un long chemin et tenta de s'échapper en courant dans un lac où le chien l'attrapa. Le chien commença alors à attraper dans sa gueule le petit poisson appelé *inanga* ; et après s'être rempli le ventre, il revint par le chemin qu'il était venu, ramassant toujours les *kiwis* qu'il avait laissés par terre, et les portant dans sa bouche, jusqu'à ce qu'il atteigne son maître, les déposa par terre devant lui. Voyant le chien dégouliner d'eau, Ihenga dit à ses compagnons : « Ho ! le chien a trouvé de l'eau. Il y a peut-être un lac en contrebas. Mais ils n'allèrent pas le chercher, car ils étaient occupés à cuisiner de la nourriture. Pendant ce temps le chien commençait à rouler sur le sol devant Ihenga , le ventre vers le haut. Il s'est ensuite couché, mais peu de temps après, il a commencé à vomir et les *inanga* ont été vus étendus sur le sol. Puis ils allèrent chercher de l'eau, et le chien courut devant eux en aboyant de temps en temps pour faire savoir à son maître dans quelle direction il allait. De cette façon, ils arrivèrent bientôt au lac. Des bancs d' *inanga* sautaient sur l'eau ; Ils fabriquèrent donc un filet avec des branches de fougère, et en ayant attrapé une grande quantité, ils en cuisinèrent quelques-unes pour se nourrir ; après quoi ils retournèrent à Maketu, emportant avec eux des paniers remplis d' *inanga* pour les montrer à Kahu, afin qu'il sache à quel point le lac regorgeait de nourriture. Ihenga nomma le lac Te Roto- iti -kite-a- Ihenga (= le petit lac découvert par Ihenga), le revendiquant ainsi comme possession de ses enfants.

Lorsqu'ils atteignirent Maketu, Ihenga parla à Kahu du lac qu'il avait découvert.

"Où est-il?" » demanda Kahu.

"Au-delà des collines."

"Est-ce que c'est loin?"

"Oui", a déclaré Ihenga .

« Au-delà de la première chaîne de collines ? » demanda Kahu.

"Au sixième rang de collines", a déclaré Ihenga .

"Oh! c'est proche », a déclaré Kahu.

Puis Ihenga demanda à ses compagnons de montrer à Kahu la nourriture qu'ils avaient apportée.

Mais Kahu a répondu : « Non ; laissez-le tranquille jusqu'à demain.

Le lendemain matin, le four était prêt pour la cérémonie de *Turakanga* . Hinetekakara a plongé dans la rivière et deux monticules de terre ont été créés : un pour un enfant de sexe masculin et un pour une fille. Le chemin de la mort a été renversé et le chemin de la vie a été établi. Alors la femme foula d'un pied le monticule pour l'enfant mâle, et de l'autre pied elle piétina le monticule pour la fille. Puis elle courut et plongea dans la rivière, et lorsqu'elle remonta à la surface, elle nagea jusqu'au rivage, enfila son *tawaru* et retourna chez elle.

Lorsque la nourriture était cuite, tous les hommes se rassemblaient pour la manger, les hommes de la race d' Houmaitahiti . Il y avait six cents *kiwis* et deux paniers d' *inanga* . Et pendant qu'il mangeait, Kahu murmura : « Ho ! ho! quelle nourriture de choix pour mon petit-enfant.

Après un certain temps , un enfant naquit et fut nommé Tama-ihu-toroa , et quand ses membres devinrent forts, de sorte qu'il puisse se retourner d'un côté à l'autre, Kahu dit à Ihenga : « Va chercher des terres pour ton enfant. .»

CHAPITRE VI.

RÉCLAMER ET NOMMER LA TERRE.

Aucun endroit au monde n'a jamais reçu un nom qui ne puisse être expliqué, bien qu'il existe des centaines de noms de ce type pour lesquels nous ne pouvons aujourd'hui donner aucune explication . — *Farrar on Language* , p. 22.

Ihenga partit avec quatre compagnons. Il a pris une direction différente de celle de son précédent voyage. Il est maintenant passé par Mataparu , Te Hiapo , Te Whare- pakau -awe . Arrivé au sommet de la crête, il se retourna vers Maketu et y salua sa maison. Puis, se retournant, il aperçut la vapeur des sources chaudes de Ruahine . Croyant qu'il s'agissait de la fumée d'un incendie, il dit à ses compagnons : « Ha ! cette terre a été prise possession par quelqu'un . Continuons. Ils entrèrent dans la forêt et, après l'avoir traversée, arrivèrent à une cascade. Ensuite, ils arrivèrent à un lac dans lequel se trouvait une grande île. En longeant la rive du lac, Ihenga a donné des noms à divers endroits. En arrivant à un point de terre s'avançant dans le lac, qu'il nomma Tuara-hiwi-roa , ils s'arrêtèrent ; car ils virent un troupeau de cormorans perchés sur les souches de quelques arbres du lac. Ils fabriquèrent des collets et les attachèrent à une perche pour attraper les cormorans, et placèrent la perche sur les souches des arbres. Bientôt, les cormorans se perchèrent sur le poteau et furent pris dans les collets, certains par les pattes, d'autres par le cou. Mais les cormorans s'envolèrent avec les collets, la perche et tout. Les jeunes hommes pensaient qu'ils allaient atterrir dans le lac, mais Ihenga a répondu : « Non, ils continuent de voler ; ils atterriront sur Te Motutapu - a- Tinirau . Ihenga avait donné ce nom à l'île, qui fut ensuite nommée Mokoia par Uenuku-kopako .

Puis Ihenga partit seul à la poursuite de ses oiseaux le long des bords du lac. Il passa par Ohinemutu , où il trouva les sources chaudes et la vapeur qu'il avait supposée être la fumée d'un feu. Lorsqu'il atteignit la colline de Kawaha , regardant en bas, il vit la fumée d'un feu brûlant en contrebas à Waiohiro ; alors il pensa en lui-même : « Dois-je continuer ou non ? Il a opté pour le non ; car il vit un filet suspendu près d'une scène, sur lequel il y avait de la nourriture, alors il alla chercher le *tuahu* ou lieu sacré pour le filet. Lorsqu'il l'eut trouvé, il se mit aussitôt au travail pour enlever la terre, les poteaux et le vieil *inanga en décomposition* , afin de se fabriquer un *tuahu* près de la falaise de Kawaha . Puis il apporta de la terre fraîche et de nouveaux poteaux au *tuahu* de l'homme du lieu, et emporta quelques poteaux en partie brûlés par le feu. Il ôta également l' écorce des branches de *koromuka* et *d'angiangi* , les attacha ensemble avec du lin et les installa dans l' enclos du *tuahu* appartenant à l'homme du lieu. Quand Ihenga eut fait tout cela en secret, il nomma son propre *tuahu* . Te Pera -o- tangaroa , et se dirigea vers l'endroit où brûlait le feu.

Dès qu'il fut aperçu, les gens du lieu agitèrent leurs manteaux et poussèrent des cris de bienvenue. Et lorsque la cérémonie de *l'uhunga* fut terminée, le chef, dont le nom était Tu-o- rotorua , demanda quand Ihenga était venu au lac.

« Ho ! c'est ma propre terre », a déclaré Ihenga .

« Où est ta terre ? » demanda Tu.

"Eh bien, cette terre même", répondit Ihenga . « Je devrais plutôt vous demander depuis combien de temps vous êtes ici ?

"Eh bien, je suis ici depuis si longtemps."

"Non non! J'étais ici en premier.

"Non", dit Tu, "ton oncle et moi étions les premiers ici."

Ihenga , cependant, a persisté. « Ho ! tu es sûrement arrivé dernier. La terre m'appartient.

"Quel signe as-tu," dit Tu, "pour montrer que la terre est à toi ?"

"Quel est ton signe?" répondit Ihenga .

"Un *tuahu* ", dit Tu.

"Allez," dit Ihenga , "laisse-moi voir ton *tuahu* . Si ton *tuahu* est plus vieux que le mien, tu es vraiment passé en premier et la terre est à toi.

Tu consentit et ouvrit la voie à son *tuahu* . Lorsqu'ils y arrivèrent, elle avait l'air d'avoir été nouvellement fabriquée.

Ihenga dit : « Maintenant, viens voir mon *tuahu* et mon *ngakoa* . [48] Ils se rendirent donc ensemble au Pera -o- tangaroa , où ils trouvèrent un tas de vieux *inanga* pourris et séchés qu'Ihenga y avait apporté du *tuahu* de Tu-o- rotorua . Ainsi, lorsque Tu les vit, ainsi que les vieux poteaux incendiés qu'Ihenga avait volés, il fut si perplexe qu'il fut presque persuadé qu'Ihenga avait dû être le premier à occuper le terrain. Cependant, il a dit : « laissez-moi voir votre filet ».

"Monte plus haut", dit Ihenga , "et je te montrerai mon filet." Et il a ensuite pointé du doigt une marque sur une falaise lointaine, causée par un glissement de terrain.

"Eh bien, c'est un glissement de terrain", a déclaré Tu.

"Non", a déclaré Ihenga , "c'est un réseau assez nouveau. Regardez cet autre filet qui pend et qui paraît noir ; c'est le vieux filet.

Tu pensa que cela devait être comme l'avait dit Ihenga , alors il accepta de quitter la terre, demandant en même temps qui vivait sur l'île.

«Le nom de l'île», dit Ihenga , «est Motutapu - a- Tinirau . Je l'ai nommé.

Alors Tu dit : « Ne consentiras-tu pas à ce que j'habite là-bas ?

"Oui", a déclaré Ihenga , "vous pouvez aller sur l'île." Ainsi, la terre principale passa en possession d' Ihenga .

Ihenga emprunta alors une petite pirogue appartenant à Tu et partit à la recherche de son troupeau de cormorans. Il les a trouvés pendus dans un arbre *kahikatea près de* Waikuta . Il a donné ce nom au ruisseau à cause de la plante *kuta* , qui y poussait en abondance. Il nomma la terre Ra- roa , en raison de la durée de la journée passée dans sa pirogue. Il grimpa sur l'arbre, jeta les oiseaux et les plaça dans le canot. Puis il continua et arriva à une rivière qu'il nomma plus tard Ngongotaha . Il y avait une colline à laquelle il donna le même nom. La colline appartenait aux Patupaiarehe ou Fées. Ils avaient un *Pa* sur la colline nommé Tuahu -o- te -atua. Il les entendait jouer du *putorino* , [49] du *koauau* , [49] et du *putara* ; [49] donc il pensait que des hommes devaient vivre là. Il gravit la colline, et lorsqu'il s'approcha, il entendit les bruits du *haka* et *du waiata* :—

Un canoë, un canoë,

Un canot de lin, un canot.

Cultivez *du kawa* ,

Blaze *kawa* .

Attachez soigneusement

Avec une feuille de lin,

Kawa flamboyant .

Whakatauihi a fait ce *haka* . C'était aussi le proverbe « *ko te ure tonus ; ko te Raho tonus* . » C'est lui qui a vengé la mort de Tuhuruhuru. [50]

Quand Ihenga s'approcha, il s'aperçut qu'il ne s'agissait pas d'hommes, mais *d'Atua* . Il y avait un feu qui brûlait sur un arbre. Alors il s'arrêta brusquement pour les regarder, pendant qu'eux le regardaient. « Un *nanakia* », cria l'un d'eux en courant pour l'attraper. Mais Ihenga s'enfuit et, tout en courant, mit le feu à la fougère sèche avec un tison allumé qu'il tenait à la main. Toute la fougère était en feu et la tribu des Fées s'enfuit vers la forêt et les collines. Puis Ihenga retourna voir leur *Pa* qui avait été brûlé par le feu. Là, il trouva le *kauae* ou mâchoire d'un *moa* , c'est pourquoi il nomma l'endroit Kauae . Il retourna ensuite au bord du lac et continua sa route dans son canot. Il nomma la colline Ngongotaha , en raison de la fuite des Fées.

Ihenga a pagayé le long des rives du lac en donnant des noms à de nombreux endroits au fur et à mesure de son passage : Weriweri , Kopu , Te Awahou , Puhirua – ce dernier nom ainsi parce que le bouquet de plumes attaché à son *paiaka* est tombé. À un autre endroit, les *inanga* sautèrent hors de l'eau et certains tombèrent dans son canot, c'est pourquoi il l'appela Tanewiti . Un autre endroit qu'il a nommé à partir d'une pensée vantardise dans son esprit, Tu- pakaria -a- Ihenga (la vantardise d'Ihenga). Il passa par la rivière Ohau . Il avait déjà nommé cette rivière, lorsqu'il était arrivé au lac, du nom de son chien. Alors que le chien traversait la rivière à la nage, il fut entraîné par un tourbillon et se noya. Ensuite, il arriva au glissement de terrain sur la montagne qu'il avait fait croire à Tu comme étant un filet. Il l'a nommé Te Tawa, car il y a laissé une perche utilisée pour pousser le canoë, qui était faite de bois *tawa* . Le poteau s'est enfoncé si profondément dans le sol qu'il n'a pas pu le retirer, alors il l'a laissé là. Après avoir dépassé la pointe Tuara-hiwi-roa, il arriva en vue de ses compagnons. Le cri retentit : « Oh ! c'est Ihenga . Venez ici, venez ici, monsieur… pagayez ici. Sa femme a couru jusqu'au bord de l'eau alors que le canot touchait la plage.

"Voyez quelle nourriture vous avez là", dit Ihenga . Hine- te - kakara attrapa un tas de rats, et quand elle vit leurs dents elle s'exclama « ē, ē, *he niho kiore* » (hein ! hein ! une dent de rat). L'endroit s'appelait donc Te Niho -o - te - kiore . Elle poussa de nouveau une exclamation d'admiration devant le tas d'oiseaux : « En vérité, en vérité, un tas merveilleux. Venez, messieurs, venez le voir. Cet endroit était donc également nommé « Kahui-kawau » ou Troupeau de Cormorans. Ensuite, les oiseaux furent cuits et le lendemain ils repartirent tous pour retourner à Maketu. Ils sont allés chercher Kahu. La nourriture, les poils longs, le fagot de rats, la gourde d' *inanga* et la gourde de *porohi* [51]— un appât tentant pour faire jouir Kahu.

Ils atteignirent le Hiapo et y passèrent la nuit. Kuiwai et Haungaroa ont donné ce nom parce qu'ils y ont laissé leur frère Hiapo , et il y est mort. Hiapo a vu le *koko* sauter dans les arbres et est resté sur place pendant que ses sœurs se rendaient à Maketu pour transmettre des messages d'Hawaiki à Ngatoroirangi .

Le lendemain, ils repartirent et lorsqu'ils atteignirent Totarakeria, ils furent vus du *Pa* par Tawaki . Puis vinrent les cris du *Pa* : « Viens, hôte envoyé du ciel, amené ici par mon enfant d'au-delà du ciel. Viens viens." Ils arrivent, le *tangi* commence, puis les discours sont prononcés. Pendant ce temps, la

nourriture se prépare. Quand ils eurent fini de manger, Tawaki dit à Ihenga :
« Parlez- nous de vos voyages. D'où viens-tu, toi qui en as perdu un ?

"J'ai vu une mer", a déclaré Ihenga , "j'y ai trouvé un homme."

"Qui est l'homme?" » demanda Tawaki .

" Marupunga-nui et son fils."

Ils savaient tous que le fils était Tu-o- rotorua . Alors Kahu demanda : « Où sont ton oncle et son père ?

"Ils restent là-bas", a déclaré Ihenga , "je les ai fait partir sur l'île".

"Bravo, gendre", dit Kahu.

Ensuite, la nourriture apportée par les hommes était déposée en tas devant Tawaki dans la cour de Whitingakongako . Et Tawaki dit à sa sœur : « Donne-en pour moi et ton père. » Alors elle a donné le fagot de rats, et les cormorans, et la gourde d' *inanga* , et les autres poissons. Et Tawaki et son père les envoyèrent dans leur propre demeure.

Alors qu'il mangeait la nourriture, Kahu s'est exclamé « Ha ! Ha! nourriture envoyée du ciel, nourriture d' Aotearoa . Pourquoi votre terre est Hawaiki. La nourriture tombe dans votre bouche.

«Oui, oui», dit Ihenga , «allumez d'abord le four. Quand elle est chauffée, vous allez chercher la nourriture de cette mer dans des paniers pleins.

Puis Kahu dit : « Ah ! ce pays est un pays pour toi, pour ta femme et pour ta postérité.

"Allons-y tous", a déclaré Ihenga . Ce à quoi Kahu a consenti.

Puis Ihenga dit : « Laissez le *mana* de cette terre vous revenir. Vous êtes l' *Ariki* de ce pays – vous et votre progéniture.

"Oui", répondit Kahu. « Puisque toi, mon *Ariki* , tu es un si grand gentleman que tu ordonnes au fils de ton jeune frère de vivre sur ta terre. Oui, je consens à ce que nous partions tous.

Ensuite, la nourriture apportée par Hinetekakara était répartie entre toute la tribu.

Dix jours après, ils quittèrent Maketu, au nombre de vingt, dix ayant rang de chefs et dix hommes pour porter de la nourriture. Lorsqu'ils atteignirent le petit lac découvert par Ihenga , il dit à Kahu "Tu es l' *Ariki* de ce lac." D'où la chanson de Taipari -

 Par Hakomiti était ton chemin jusqu'ici

À Pariparitetai et à votre Rotoiti,

Mer découverte par Ihenga ,

Dont Kahu était *Ariki* .

De là, ils se rendirent à Ohou -kaka, ainsi nommé par Kahu d'après une plume de perroquet *hou -kaka* , qu'il prit dans les cheveux de sa tête et qu'il enfonça dans le sol pour devenir un *taniwha* ou un monstre spirituel pour cet endroit. Lorsqu'ils atteignirent l'endroit où leurs pirogues avaient été laissées , ils en lancèrent deux, une petite pirogue sacrée pour Kahu et une grande pirogue pour les autres. Puis ils s'embarquèrent, et alors qu'ils pagayaient en approchant d'une certaine plage, Kahu jeta ses vêtements et sauta à terre, nu. Ses deux petits-fils, Tama-ihu-toroa et Uenuku , riaient et criaient « Ho ! ho! tu vois, voilà les jambes de Kahu. L'endroit fut donc nommé Kuwha - rua - o-Kahu. Ils procédèrent ainsi, donnant des noms à des lieux qui n'avaient pas encore été nommés, jusqu'à ce qu'ils atteignirent le lac Rotorua. Ils débarquèrent à Tuara-hiwi-roa , y restèrent plusieurs nuits et construisirent un *whata* , ou magasin de nourriture élevé sur des poteaux ; donc cet endroit s'appelait Te Quel .

Puis passant par les sources chaudes, ils arrivèrent à Te Pera -o- tangaroa et Wai-o- hiro , le ruisseau où habitait autrefois Tu-o- rotorua . Ils arrivèrent ensuite à Ngongotaha , que Kahu nomma Parawai, du nom de son jardin de Maketu.

Après avoir passé deux années entières à Parawai, Kahu décida de rendre visite à son neveu Taramainuku . Taramainuku et Warenga , les frères aînés d' Ihenga , avaient abandonné les terres de Moehau . Le premier était allé chez les Wairoa à Kaipara, et le second chez les Kawakawa à la Baie des Îles et s'y étaient installés. Kahu partit donc avec son gendre Ihenga , son fils Tawaki et quelques compagnons de voyage. Il laissa à Parawai sa fille Hine-te - kakara et son fils Tama-ihu-toroa . Il quitta également Uenuku , le fils de Tawaki , et sa femme, Waka- oti - rangi , pour conserver Parawai comme résidence permanente pour eux.

En arrivant sur les collines, ils se reposèrent et Kahu chercha un abri sous un arbre *rata* , qu'il nomma Te. Whaka - marumaru -o-Kahu (le refuge de Kahu). Là-dessus, Ihenga , s'apercevant que Kahu donnait son propre nom au pays, désigna un arbre *matai* ; car il vit une racine dépassant du tronc de l'arbre, qui ressemblait à une cuisse d'homme ; il l'a donc nommé Te Ure -o- Tuhoro . Il lui donna le nom de *la volonté* de son père d'alourdir le nom de Kahu, son beau-père, afin que le lieu revienne à ses propres descendants. Et il est allé à ses descendants, et est maintenant en possession de Ngatitama . Alors qu'ils avançaient, le chien de Kahu attrapa un *kakapo* , alors il nomma l'endroit Te

Kakapo. Un peu plus loin, ils arrivèrent à une partie de la colline où une pierre dépassait de la falaise. Puis Kahu a chanté un *karakia* appelé *Uru - uru - whenua* :—

Je viens à Matanuku ,

Je viens à Matarangi ,

Je viens sur ta terre,

Un étranger.

Nourris-toi du cœur de l'étranger.

Endormez les esprits puissants,

Endormir les anciens esprits,

Nourris-toi du cœur de l'étranger.

Il nomma donc le lieu Matanuku , nom qui perdure encore aujourd'hui.

Arrivé sur les rives de la rivière Waikato, il traversa et se reposa pendant que la nourriture était en train de cuire. Les jeunes hommes étaient très dilatoires et Kahu était en colère contre leur paresse ; c'est pourquoi il a nommé l'endroit Mangare . Ensuite, ils arrivèrent à la rivière Waipa , traversant laquelle ils passèrent par Pirongia jusqu'à Waingaroa , et de là le long de la plage jusqu'à l'embouchure de la rivière Waikato. Ici, ils sont tombés sur Ohomairangi . Il est venu à Tainui. Il était le frère de Tuikakapa , épouse de Houmaitahiti et mère de Tama-te-kapua et Whakaturia .

De Waikato, ils longèrent la plage jusqu'à Manuka, ainsi nommé par Kahu qui y installa un poste *de manuka* comme *rahui* ou marque sacrée. Ici, les compagnons de Kahu s'embarquèrent dans un canot, tandis qu'il s'emparait d'un *taniwha* ou monstre marin de cet endroit, nommé Paikea, pour le porter sur son dos. Enfin, ils s'approchèrent de Kaipara, et rencontrant quelques-uns des hommes de Taramainuku , ils furent transportés par eux dans leurs canots à Pouto , où Tara résidait sur les rives de la rivière Wairoa.

Les *tangi* retentirent et les discours de bienvenue suivirent : « Viens ici, viens ici, mon père. Venez nous rendre visite et nous observer. J'ai abandonné ton frère aîné et ton père » (c'est-à-dire leurs corps enterrés à Moehau).

Puis Kahu parla : « Accueille-nous, accueille-nous, mon *Ariki* . Regardez-nous ici. Moi, celui qui souffre, je viens à toi. Je pensais que toi, mon *Ariki* , tu me chercherais. Mais c'est bien, car je vous vois maintenant face à face, et vous me voyez aussi. Moi et ton jeune frère, nous retournerons chez nous, afin que je puisse mourir sur le pays que votre grand-père a désigné comme votre pays dans ses paroles d'adieu à moi et à mon frère aîné. J'ai été abandonné par mon frère aîné à cause de notre dispute au sujet du jardin. Mais cette terre n'est pas seulement réservée au jeune frère ; non, elle s'adresse à vous tous également. Mais je ne me séparerai pas de ton jeune frère, et c'est pourquoi je lui ai donné pour femme ta cousine.

« C'est bien, » dit Taramainuku ; « Votre fils, Tawaki , n'a-t-il pas un enfant ?

"Oui, Uenuku ."

"Alors ramène chez toi sa cousine pour qu'elle soit sa femme."

Kahu y consentit. Ainsi, la fille de Taramainuku , Hine- tu - te-rauniao , fut confiée à Kahu pour qu'il retourne avec lui à Rotorua. Le fils d' Uenuku et de Hine était Rangitiki .

Ensuite, l'épouse de Taramainuku a placé de la nourriture devant les invités, *toheroa* [53], anguilles, *hinau* [54], *kumara* , *hue* [55], et un panier de *para* . [56]

Lorsque Kahu a vu le *para* , il a demandé : « De quelle nourriture s'agit-il ?

«C'est *para* », répondit son neveu.

« Et où pousse-t-il ? » demanda Kahu.

"Il pousse dans les bois."

"Hé!" dit Kahu, « c'est la nourriture que ton ancêtre a mangée. C'est le *raho* de votre ancêtre, Tangaroa. C'est la première fois que je goûte au *para* . Vous devez appeler cet endroit Kaipara.

Kahu est rentré de Kaipara, mais Ihenga est resté avec son frère aîné. Kahu revint par Waitemata, embarquant dans un canot à Takapunga . Il passa par Motuihe et Paritu au nord de Waiheke, et traversa jusqu'à Moehau . Là, il retrouve Huarere et sa famille. Le *tangi* étant terminé, des discours furent prononcés. Pendant ce temps, la nourriture était préparée ; et quand ils eurent fini de manger la nourriture, Huarere dit : « Votre *papa* (oncle) est venu ici. »

"OMS?" » demanda Kahu.

« Ngatoro-i-rangi ».

« Ho ! où est-il?"

"Il est parti", répondit Huarere . « Il est venu à ta recherche. Il a dressé pour vous une pierre en signe.»

« ē, ē, mon *papa* , ē, ē », murmura Kahu.

Huarere a poursuivi: "Après l'arrivée de votre *papa* , il est allé directement déterrer les os de Tama et Tuhoro ."

"C'est bien", dit Kahu.

Après être restés trois nuits, Kahu et ses compagnons, avec Huarere , montèrent au sommet de la montagne où Tama-te-kapua avait été endormi. C'est pourquoi la montagne fut nommée Moe- hau -o- Tama , ou Sacré endormi de Tama . Après trois nuits, Kahu se dirigea vers la forêt et installa un *Ri* , ou marque sacrée, en guise d'avertissement pour empêcher quiconque de passer plus loin par là. Il y reste encore aujourd'hui. Puis, descendant vers la plage , il tourna son visage vers la montagne et chanta une plainte au lieu de repos de son frère aîné ; cet endroit fut donc nommé Tangiaro - o-Kahu. Il est ensuite allé voir la pierre que Ngatoro avait érigée en guise de gage pour lui. Cet endroit s'appelle Te Kohatu - whakairi -a- Ngatoro , et la pierre y reste encore aujourd'hui. Puis il gravit une autre colline et plaça une pierre au sommet. La pierre s'appelait Tokatea . De là, ils longèrent la crête des collines jusqu'à atteindre un sommet élevé. Ils y montèrent et restèrent assis là, tandis que Kahu regardait de tous côtés. « Ho ! ho ! dit Kahu, "c'est une île", et se tournant vers Huarere , "ta terre, mon enfant".

Ils longèrent la crête des collines pour voir la beauté du pays. La bonté du pays fut visible et Kahu dit à son neveu : « La bonté du pays est la suivante ; il y a deux marées montantes. La marée de l'est coule tandis que la marée de l'ouest descend. Puis ils descendirent au bord de l'eau, où ils virent des poissons appelés *aua* , [57] c'est pourquoi ils nommèrent l'eau Wai-aua.

Kahu et Huarere se séparèrent alors. Les descendants de Huarere y grandirent et se multiplièrent, et toutes ces terres en furent remplies.

Kahu poursuivit son chemin vers Rotorua et, après plusieurs jours, atteignit l'endroit où la rivière Waihou se divise en deux branches. Là, il se reposa, et lorsqu'il sentit la douce brise marine sur la marée ondulante, des mots d'affection sortaient de ses lèvres ; ainsi l'endroit fut nommé Muri-aroha-o- Kahu (le regret de Kahu). Ils continuèrent leur chemin, et gravissant une haute montagne, Kahu regarda vers la mer et exprima ainsi son affection : « Ah ! mon amour pour Moehau , hélas pour le pays de mon père et de mon frère aîné, au loin au-delà de la mer. Cette montagne s'appelait donc Aroha-tai-o-Kahu. Alors Kahu tourna son visage vers la terre et murmura des mots d'affection envers la terre de Titiraupenga , à Tia et Maka . D'où le nom de l'autre montagne, Aroha-o-uta-o-Kahu. Ils parcoururent ensuite la crête de la montagne qu'il nomma Tau-o- hanga . Ce nom appartient à toute la crête montagneuse depuis Moehau jusqu'au Wairoa.

Enfin ils entrèrent dans la forêt qui s'étend vers Rotorua. La pluie tombait et ils étaient trempés par l'eau qui coulait des arbres. Puis Kahu a chanté une invocation à Rangi et la pluie a cessé. Kahu a nommé l'endroit Patere -o- Kahu, parce qu'il a été inondé par la pluie. A la naissance du fils de Hopo , l'enfant s'appelait Patetere .

Enfin ils traversèrent la forêt et arrivèrent à Parawai. Leur voyage était terminé, car ils avaient atteint la demeure de sa fille, de sa belle-fille et de ses deux enfants, Uenuku et Tama-ihu-toroa .

Le lendemain, Hinetekakara dit à Kahu : « Monsieur, Marupunganui a traversé vers le continent. »

"Où?" » demanda Kahu.

« Aux Ngae . »

Alors Kahu dit : « Demain, nous irons à Motutapu . »

Ainsi , quand le jour parut, ils partirent et trouvèrent Tu-o- rotorua habitant sur l'île ; mais son père n'était pas là. Tu accueillit Kahu en ces mots : « Viens ma *teina* sur ton île pour en être l' *Ariki* . »

« Oui », répondit Kahu, « cette île sacrée est à moi ; mais toi, mon *Ariki* , continue de t'y attarder.

Ainsi l'île fut cédée à Tu-o- rotorua . Mais le *mana* du pays appartenait à Kahu. D'où le chant de Taipari mentionné plus haut [58]; car Taipari est issu de la race de Tama-ihu-toroa . Le fils de Tama était Tuara et Tuara était un ancêtre de Taipari .

Alors qu'ils s'éloignaient de Motutapu, Kahu fit ses adieux à Tu-o- rotorua : « Reste là, mon enfant, toi et ton père. Hélas! que je n'ai pas vu ton père.

« Allez, monsieur, partez », furent les mots d'adieu de Tu. « Va garder ton ancêtre ; allez chez les Arawa .

Laissant leurs pirogues au Toanga , ils se dirigèrent vers Maketu. En chemin, le petit-fils de Kahu a eu soif et a pleuré pour avoir de l'eau. Kahu eut de la compassion pour l'enfant et chanta un *karakia* , et quand le *karakia* fut terminé, il frappa le sol et de l'eau sortit. C'est pourquoi cet endroit fut nommé Te Waitakahi - akahu (l'eau du piétinement de Kahu).

Kahu resta ensuite à Maketu, mourut et y fut enterré. Quand il mourut, le *mana* de Maketu alla à son fils Tawaki-moe-tahanga . Quand Tawaki mourut, les *manarahi de* Maketu allèrent à Uenuku , qui mourut également à Maketu alors qu'il était un vieil homme. Puis son fils Rangitihi abandonna Maketu, partit pour Rotorua et s'installa à Matapara avec toute sa famille.

Lorsque Kahu quitta Ihenga à Kaipara, chez son frère aîné Taramainuku , il lui fit ainsi ses adieux : « Monsieur, retournez vite auprès de votre enfant, mon petit-enfant, Tama-ihu-toroa . Ne tardez pas." Ihenga resta donc à Kaipara pendant une courte période. Puis, en voyageant vers le nord, il arriva à Ripiro . La nourriture de cet endroit était *toheroa* . Kupe l'a placé là pour nourrir sa fille, Tai- tu - auru -o- te - marowhara . Les grandes vagues ondulantes de cette côte portent son nom. Ainsi dit le proverbe : « *Tai- hau - auru je whakaturia et Kupe ki te Maro-whara* . » En continuant, ils arrivèrent à un certain endroit où Ihenga mangeait tous leurs *toheroa* en privé en l'absence de ses compagnons.

« Qui a mangé notre nourriture ? » demandèrent ses compagnons.

"Comment devrais-je le savoir?" dit Ihenga .

«Eh bien, il n'y avait personne d'autre que toi. Toi seul est resté ici.

donc nommé l'endroit Kai-hu-a- Ihenga . Alors qu'ils voyageaient, ils arrivèrent à une colline. Aucune eau ne pouvait être trouvée et ils étaient desséchés de soif ; alors Ihenga répéta un *karakia* , puis, frappant le sol, une source d'eau coula. Les pigeons descendaient en groupes pour boire de l'eau. C'est ainsi que l'endroit fut nommé Waikereru (eau des pigeons ramiers). Ensuite, ils arrivèrent à un marécage et à une petite rivière. Un arbre était tombé en travers du ruisseau par lequel ils traversaient. Mais le chien Potakatahiti a été tué par l'arbre qui roulait dessus. Puis Ihenga répéta un *karakia* en disant à l'arbre : « Ô arbre couché là, lève la tête, lève la tête. » [59] Et l'arbre releva la tête. Ensuite, lorsqu'il atteignit les hauteurs, Ihenga vit un arbre debout tout seul au centre du marais. C'était un arbre *totara* . Puis, par la puissance de son *karakia* , il traça un chemin pour son chien afin qu'il puisse entrer dans l'arbre et y rester pour toujours . Et il dit à l'esprit du chien : « Si je crie « *moi , moi* », tu dois répondre « au ». Si je crie « ō, ō », vous devez répondre « ō, ō ». Si je dis : « Venez, nous devons continuer tous les deux », vous devez répondre : « Allez, vous, je ne peux pas venir. Si un groupe de voyageurs vient par ici et se repose sur cette colline, lorsque vous les entendez parler, vous devez leur parler. Si les voyageurs disent : « Partons », vous devez dire « Partez ». ' » Ainsi, l'esprit du chien a été laissé habiter dans cet arbre ; et depuis, il se moque des hommes vivants des générations postérieures à Ihenga , jusqu'à nos jours.

Enfin, Ihenga atteignit Mataewaka au Kawakawa , où habitait son frère aîné Warenga . Il y resta un mois, et quand la nouvelle lune apparut, lui et son frère Warenga se rendirent au lac Te. Tiringa pour pêcher. Il y *a Inanga* furent capturés, dont Ihenga en conserva quelques-uns dans une gourde remplie d'eau, afin de pouvoir les transporter vivants à Rotorua. Il pêchait également des *koura* , ou petites écrevisses, qu'il conservait vivantes de la même manière. Ceci fait, les frères se séparèrent.

Ihenga a voyagé via Waiomio , donnant des noms aux lieux au fur et à mesure de son passage. Te Ruapekapeka doit son nom aux milliers de chauves-souris trouvées là-bas dans les creux des arbres. Aussi Tapuae-haruru , du bruit de ses pas. Les fils de son frère Warenga étaient ses compagnons. Ils ont fait connaître les noms donnés par Ihenga . Maiao était l'un de ces fils. Le fils de Maiao était Te Kapotai , qui était un ancêtre de Tamati Waka Nene.

La colline Motatau était ainsi appelée parce qu'Ihenga parlait tout seul. En continuant, ils arrivèrent à une rivière où Ihenga vit sa propre image dans l'eau calme, c'est pourquoi la rivière fut nommée Te Wai- whakaata -a- Ihenga (le miroir d'Ihenga). Ils arrivèrent à une autre rivière et déterrèrent quelques vers pour les jeter à l'eau. Le poisson ne viendrait pas à l'hameçon. Puis Ihenga jeta à l'eau une partie de son *inanga* . Puis il appela les anguilles, mais elles ne vinrent pas. Il a appelé les *inanga* et ils sont venus. Il a appelé les vers et ils sont venus. Puis il fit appel à Tangaroa, et Tangaroa envoya les anguilles. Le mode d'appel était un *karakia* . En continuant, il gravit une montagne. Là, il fit appel à Thunder. Il commença son *karakia* , et aussitôt qu'il fut terminé, le tonnerre fut envoyé, et la foudre frappa le sommet de la montagne, qui est encore appelée Whatitiri , ou Tonnerre.

Lorsqu'ils arrivèrent à Whangarei, ils récupéraient quelques muscles d'un banc et les faisaient rôtir sur le feu, et cet endroit est encore appelé « Te Ahi-pupu-a- Ihenga » (le feu musculaire d'Ihenga).

Le chef de cet endroit était Tahu-whakatiki , le fils aîné de Hei . Quand les Arawa atteignirent Wangaparoa Tahu et son jeune frère Waitaha s'est disputé . Donc Tahu et sa famille sont restés sur place, tandis que Waitaha et son père ont continué leur route vers l' Arawa . Puis Ihenga s'embarqua dans une pirogue appartenant à Te Whanau-a- Tahu . Deux des fils de Tahu — Te Whara et son jeune frère Hikurangi l'accompagnèrent en canoë. Ils ont touché à Taranga, [60] et naviguant par Hauturu [61] ils ont atteint Moehau .

Pendant un mois Ihenga resta avec son frère Huarere , puis se rendit à Maketu. Là, il retrouva son beau-père, sa femme Hinetekakara et son fils Tama-ihu-toroa . Il resta donc peu de temps à Maketu, puis revint avec sa femme et son fils à Rotorua.

L' *inanga* qu'il avait apporté avec lui des Kawakawa , il le plaça dans le ruisseau Waitepuia à Maketu. Avant de se rendre à Rotorua , il les rattrapa de nouveau, les emporta avec lui dans une gourde d'eau et les plaça dans le lac ; mais il plaça la *koura* dans l'eau à Parawai.

CHAPITRE VII.

Sunt Autem Privata nul naturâ , sed aut vétéran occupatione , ut qui quondam in vacua vénérant ; aut victoria ut qui bello potiti sunt; aut lege , pactione , conditione , sorte .— Cicéron de Off., Lib. JE , ch. vii.

Si vous deviez demander à un Néo-Zélandais son titre de propriété, il serait difficile d'obtenir de lui des informations fiables sur les règles générales de procédure ; car il considérerait immédiatement un cas particulier dans lequel il était lui-même personnellement intéressé et donnerait une réponse correspondant à son intérêt. Cela peut être dû en partie à l'incapacité des Maoris à avoir une vision abstraite des choses, ce qui a déjà été remarqué [62]. Mais c'est sans doute pour cette raison que des personnes ayant une connaissance compétente de leur langue ont exprimé à ce sujet des opinions différentes, fondées sur les informations ainsi obtenues.

Il existe cependant trois sources fiables à partir desquelles de telles informations peuvent être obtenues.

1. Tiré de récits *maoris* , dans lesquels des questions relatives à leurs titres fonciers sont mentionnées incidemment.

2. Extrait des Proverbes relatifs à la disposition des terres entre eux.

3. Des enquêtes sur les titres de terres proposés à la vente ou en cas de litige entre eux.

Dans les premiers jours de la colonie, les conflits fonciers étaient fréquents et l'un ou l'autre des belligérants faisait souvent appel au gouvernement.

Le récit *maori précédent* [63] nous apprend qu'après que le canot Arawa ait atteint cette île, l'équipage n'a pas formé une colonie unie et compacte en un seul endroit, comme on aurait pu s'y attendre. Les noms de neuf chefs sont enregistrés qui se dispersèrent au nord et au sud de l'endroit où le canot était traîné jusqu'au rivage, chacun partant à la recherche de terres pour lui-même et sa propre famille.

Parmi ces chefs, trois se rendirent à Taupo, deux à Wanganui, un à Rotorua, un à Mercury Bay et un au cap Colville ; tout en laissant derrière eux à Maketu certains membres de leurs familles. Au cours de la troisième génération, deux divisions de la famille qui s'étaient établies autour du cap Colville émigrèrent, l'une vers la Baie des Îles et l'autre vers Kaipara.

Il ressort également du récit mentionné ci-dessus que les terres ainsi prises en possession étaient considérées comme appartenant légitimement au premier occupant et à ses descendants, et que des noms furent immédiatement donnés à un grand nombre de lieux à l'intérieur des limites revendiquées, ces noms étant souvent tels. cela les rendrait sacrés pour la famille, du fait qu'ils dérivent de noms de personnes ou de choses auxquels un certain caractère sacré familial était attaché.

MANA.

Le chef de toute famille qui découvrait et prenait possession d'une terre inoccupée obtenait ce qu'on appelait le *mana* de la terre. Ce mot *mana* , dans son usage ordinaire, signifie pouvoir, mais dans son application à la terre , il correspond quelque peu au pouvoir d'un fiduciaire. Ainsi *mana* donnait le pouvoir de s'approprier la terre au sein de sa propre tribu selon une règle bien reconnue qui était considérée comme *tika* ou droite. Cependant, une telle appropriation, une fois faite, restait en vigueur et donnait un bon titre aux enfants et descendants de celui à qui elle avait été ainsi appropriée. Le *mana* du représentant reconnu de la tribu n'avait alors que le pouvoir sur les terres restant inappropriées, pouvoir qui était plus spécialement appelé mana *rahi ou* grand *mana* , *le mana* sur les terres appropriées étant en possession légitime du chef de famille. Au fil du temps, des querelles et des guerres éclatèrent entre différentes tribus, de sorte que les tribus presque alliées les unes aux autres s'unirent pour se défendre et se protéger mutuellement ; et tous les *Maori* de la Nouvelle-Zélande furent divisés, à cet effet, en quelques grandes tribus, chacune représentant généralement l'équipage d'une des diverses pirogues composant la migration d'Hawaiki. Ceux-ci étant fréquemment en guerre les uns contre les autres, il arriva que tout homme n'appartenant pas à une tribu particulière était considéré à son égard comme un *tangata. ke* ou étranger.

Il a été affirmé par beaucoup, sur la base d'une bonne autorité présumée, qu'aucun membre d'une tribu n'a de droit individuel sur une quelconque partie des terres comprises dans les limites de sa tribu. Il n'en est cependant pas ainsi, car les individus possèdent parfois des droits exclusifs sur la terre, mais plus généralement les membres de familles, plus ou moins nombreux, ont des droits communs à l'exclusion du reste de la tribu sur les portions de terre qui leur appartiennent. ont été attribués à leurs ancêtres. Leurs proverbes touchant ceux qui effacent injustement les bornes le montrent, si d'autres preuves manquaient.

Les terres d'une tribu, en ce qui concerne le titre par lequel elles sont détenues, peuvent être commodément distinguées en deux divisions globales.

1. Les portions qui ont été appropriées, de temps à autre, aux individus et aux familles.

2. Les terres tribales restent inappropriées.

Chaque fois que la terre est formellement appropriée par l'usage indigène, elle descend dans la famille de ses premiers propriétaires selon des règles bien reconnues, et le *mana* du représentant de la tribu cesse d'avoir tout contrôle sur elle. Leurs lois sur la succession tendaient naturellement à faire de la plupart de ces terres la propriété de plusieurs membres de la même famille, comme tenanciers communs ; mais un individu pouvait devenir et devenait fréquemment l'unique propriétaire.

Les terres tribales jamais spécialement appropriées appartenaient à tous sous le *mana* [64] ou la tutelle du représentant tribal.

Bien avant l'arrivée de nos colons en Nouvelle-Zélande, la terre était d'une grande valeur aux yeux *des Maoris* et était donnée et reçue comme un équivalent ou une compensation appropriée dans certains cas.

Ainsi, lorsqu'une paix était conclue entre deux tribus, des terres étaient parfois cédées comme une sorte d'offrande de paix, mais dans un esprit remarquablement équitable, c'était toujours la tribu qui avait le moins souffert qui, dans de tels cas, donnait des terres pour compenser le plus. pertes en guerre de l'autre partie.

Une telle façon de faire la paix semble avoir été adoptée en cas de guerre civile entre les divisions d'une même tribu, en particulier lorsqu'elle est menée sans aucune perspective de voir l'une des parties maîtriser complètement l'autre, et avec la considération d'éviter que les deux subissent des pertes aussi graves que cela. les rendent incapables de faire face à un ennemi commun.

De plus, en cas d'adultère, un terrain serait exigé par la personne lésée ; et sa demande serait respectée, car telle était la juste compensation pour le préjudice : une terre pour la femme. Mais alors un stratagème était parfois employé, car lorsque l'homme blessé allait faire profession, il pouvait se trouver confronté à son droit par certains des propriétaires du terrain qui s'étaient volontairement absentés de la conférence au cours de laquelle il avait été renoncé. Et cette pratique déloyale a parfois été utilisée comme un précédent dans leurs relations avec les *Pakeha* ; car ils se sont trop souvent montrés disposés à vendre des terres sur lesquelles ils n'avaient qu'un droit conjoint avec beaucoup d'autres, sachant bien que ces autres répudieraient leur acte.

DESCENTE DE TERRE.

1. Les enfants de sexe masculin succèdent à la terre de leur père, les filles à la terre de leur mère.

Ainsi dit le proverbe : « *Nga tamariki tane ka whai ki te ure tu , nga tamarin wahine ka whai ki te u-kai-po.* » « Les enfants mâles suivent les mâles, les filles suivent le sein nourri la nuit. »

2. Si une femme épouse un homme d'une autre tribu, *il tangata ke* - elle perd tout droit d'atterrir dans la tribu de sa mère.

Ainsi dit le proverbe : « *Haere atu te Wahine , haere marokoré .* » « La femme s'en va, et elle s'en va sans sa blouse. »

3. Les enfants d'une femme mariée à un homme d'une tribu étrangère n'ont aucun droit de succession sur les terres de la tribu de leur mère.

Ainsi dit le proverbe : « *He iramutu tu hé mai je tarawahi awa* [65]» – « Un neveu ou une nièce se tenant à l'écart de l'autre côté de la rivière. »

Mais il existe une disposition qui peut être appliquée pour modifier cette dernière règle. Si les frères de la femme demandent qu'un ou plusieurs des enfants, leur *iramutu* , soient confiés à leurs soins et qu'ils soient ainsi pour ainsi dire adoptés par leurs oncles, ils sont réintégrés dans les droits tribaux que leur mère avait acquis. avait forfait.

LA VOLONTÉ D'UN NÉO-ZÉLANDAIS.

Sous ce titre, dans une publication antérieure [66], j'ai donné une traduction littérale d'une communication écrite que j'ai reçue du célèbre Wi Tamihana . Tarapipipi de Matamata, comme suit :—

« Un certain homme eut un enfant mâle, puis un autre enfant mâle, et enfin un autre enfant mâle. Il a aussi eu des filles. Enfin le père de cette famille étant sur le point de mourir, les fils et les filles et tous les parents se rassemblèrent pour entendre ses dernières paroles et le voir mourir. Et les fils dirent à leur père : « Que ta bouche parle, ô père, afin que nous entendions ta volonté ; car il ne te reste plus longtemps à vivre. Alors le vieillard se tourna vers ses jeunes frères et parla ainsi :

« Désormais, ô mes frères, soyez bons envers mes enfants. Mes cultivations sont pour mes fils. Tel ou tel terrain est pour tel ou tel neveu. Mes barrages à anguilles, mes jardins de pommes de terre, mes pommes de terre, mes cochons, mes esclaves mâles et mes esclaves femelles sont pour mes fils seulement. Mes femmes sont pour mon jeune frère.

Telle est la disposition des biens d'un homme ; cela ne concerne que ses enfants mâles.

Il ressort de là que le chef de famille avait un droit reconnu de disposer de ses biens parmi ses descendants mâles et ses parents, et que sa volonté exprimée peu avant sa mort en présence de sa famille réunie à cet effet possédait toute la solennité de un document légal.

RAHI.

est le terme appliqué à une tribu réduite à une condition dépendante par une tribu conquérante. La même autorité dit : « Écoutez la coutume concernant les terres qui sont détenues par droit de conquête, c'est-à-dire les terres tombées aux mains des braves (*kua riro je te toa*). Supposons qu'une grande tribu soit vaincue. Supposons que cette tribu soit vaincue une deuxième et une troisième fois, jusqu'à ce qu'enfin la tribu devienne petite et soit réduite à une condition médiocre. On lui fait alors faire le travail des dépendants : cultiver la terre pour se nourrir, attraper des anguilles et transporter du bois. Bref, ses hommes sont traités comme des esclaves. Dans ce cas, leurs terres passent en possession de la tribu dont la valeur les a conquis. Ils ne songeront pas à lutter contre leurs maîtres ; parce que leur pouvoir de combattre leur a disparu. Ils n'ont pas eu le courage de conserver la possession de leurs terres, et bien qu'ils puissent devenir nombreux par la suite, ils ne chercheront pas à se faire payer pour leurs pertes antérieures ; car ils ont peur et disent entre eux : « Ne combattons pas avec cette tribu, de peur que nous ne périssions complètement, car c'est une tribu courageuse. ' »

William Thompson appartenait à une tribu victorieuse ; ses sentiments ont donc un penchant naturel en faveur du droit exclusif que les terres de la tribu conquise appartiennent à leurs conquérants. Si cependant un membre de la tribu conquise était consulté sur ce point, on apprendrait qu'il n'a pas abandonné toute idée d'un droit sur les terres qu'il lui avait été permis de conserver et qu'il occupait alors. On pourrait citer des exemples où le reste conquis d'une tribu avait retrouvé suffisamment de pouvoir pour reprendre possession des terres qui lui appartenaient autrefois ; et dans tous les cas où les conquérants ont vendu les terres de leurs affluents, ces derniers ont résisté au droit des vendeurs d'en disposer indépendamment de leurs propres intérêts.

NGATI-HANUI.

Un jour, un chef nommé Hanui et son compagnon de voyage Heketewananga rencontrèrent le vieux chef Korako assis dans le tronc creux d'un arbre qu'il avait transformé en demeure temporaire. Alors le compagnon de Hanui dit : « Je ferai couler de l'eau sur la tête du vieil homme, pour le dégrader (lit., afin que sa croissance soit retardée). » Hanui était mécontent ; car le vieil homme était son cousin, étant le fils du frère cadet de son père Maramatutahi , ce qui était la cause de son mécontentement face aux paroles de son compagnon. Mais ce camarade Heketewananga a persisté. Il n'écouta pas la colère de Hanui , mais grimpa sur l'arbre pour faire couler de l'eau sur la tête du vieil homme. Et ce faisant, il se moqua du vieil homme. « Ho ! ho! maintenant, ta croissance est retardée à cause de mon eau ; car ta tête a été arrosée.

Hanui et son compagnon continuèrent leur chemin. Une fois partis, Korako partit également chercher son fils. Lorsqu'il atteignit la rive de la rivière Waikato, il aperçut des garçons de l'autre côté de la rivière en train de jouer près de leur *père* et leur cria : « Allez dire à Wainganui de m'apporter un canot. » « Nous apporterons un canoë », ont déclaré les garçons. Mais le vieil homme a dit : « Non. Je ne souhaite pas que vous ameniez le canot. Allez appeler Wainganui . Il doit lui-même amener le canot. Alors les garçons sont allés dire à Wainganui : « Votre père vous appelle pour aller vers lui en canot. » "Pourquoi n'y es-tu pas allé?" dit Wainganui . « Nous lui avons proposé de lui emmener le canot », ont déclaré les garçons, « mais il n'a pas voulu. Il a dit que tu devais lui amener le canot. Wainganui partit donc en canot et lorsqu'il atteignit l'autre rive de la rivière , il appela son père pour qu'il descende vers lui. Mais son père lui dit : « Viens ici à mes côtés. » Wainganui quitta donc le canoë et se rendit chez son père ; car il savait qu'il avait quelque chose d'important à lui dire. Puis, s'asseyant à côté de son père, il dit : « Que signifie ce que tu as fait ? Le père a dit : « Mon fils, j'ai été lésé par ton oncle Hanui et par Heketewananga . » « Quel genre de problème ? » demanda le fils. « C'est mon tort, dit le vieil homme ; c'est mon tort. Heketewananga a grimpé sur ma maison et m'a fait couler de l'eau sur la tête. En même temps, il m'a raillé : « Ho ! ho! maintenant, votre croissance est retardée. ' » Alors le fils dit à son père : « Ha ! vous avez été pratiquement assassiné par ces hommes. Leur acte sera vengé. Leurs têtes seront bientôt frappées par mon arme. " Puis, se retournant de colère , il retourna à son canot et revint au *Papa*
.

Sans tarder, il convoqua toute la tribu et leur fit connaître tout ce que son père lui avait dit. Après que la tribu eut appris le tort causé à son ancien chef, elle se rassembla la nuit pour délibérer et résolut d'aller le lendemain matin tuer ces hommes. Puis ils se retirèrent pour se reposer. A l'aube, ils se levèrent et s'armèrent, au nombre de trois cent quarante, et partirent pour le *Pa* à Hanui .

Les hommes à l'intérieur de ce *Pa* étaient plus de six cents. Alors , quand ils virent le groupe armé venir attaquer le *Pa* , les six cents hommes se précipitèrent au combat, et une bataille eut lieu au dehors. Les hommes du *Pa* furent repoussés, et les conquérants y entrèrent avec eux. Puis, pendant que les hommes du *Pa* étaient abattus , Wainganui a crié à Hanui : « Dépêche-toi, Hanui , monte au sommet de ta maison, toi, tes enfants et tes femmes. » Alors Hanui , ses enfants et ses femmes montèrent sur le toit de leur maison.

Mais la plupart des hommes de sa tribu ont été tués, certains n'étant plus que des *Rahi* , état dans lequel ils se trouvent actuellement.

TAPUIKA.

Il peut arriver qu'une tribu soit chassée de ses terres par une tribu conquérante, qui peut détenir la possession des terres conquises pendant de nombreuses années, mais être, à son tour, chassée par l'aide de tribus alliées aux premiers propriétaires des terres. . La question se pose alors de savoir quels droits les tribus alliées acquièrent sur les terres récupérées. Un cas de ce genre m'est venu à l'esprit ainsi : j'ai été chargé d'acheter pour le gouvernement un terrain de taille moyenne à Maketu pour être occupé comme station de mission. Comme j'avais construit une maison sur ce terrain sur un titre de simple droit d'occupation, ou comme exprimé en maori , « *Noho noa iho* », et j'y avais résidé depuis quelque temps, je pensais naturellement que les personnes à l'invitation desquelles ma maison y avait été placée étaient celles à qui appartenait le terrain. Un arrangement fut donc conclu avec eux pour l'achat du terrain nécessaire et un prix convenu. Une nuit, peu de temps après, j'ai été réveillé par un coup à la porte de ma maison. Mes visiteurs étaient une députation de certains membres de la tribu Tapuika qui possédaient un petit *Pa* en contrebas de ma maison, au bord de la rivière, à une certaine distance du grand *Pa* , à l'embouchure de la rivière. Leur affaire était de me prévenir de ne pas finaliser l'achat du terrain, les personnes avec lesquelles j'avais contracté n'étant, comme ils l'affirmaient, que des occupants et non des propriétaires ; alors que leur tribu Tapuika en était propriétaire et que le *mana* de la terre appartenait à leur chef Te Koata . Ils sont venus de nuit parce qu'ils ne voulaient pas que leur ingérence soit connue publiquement, car cela pourrait provoquer des conflits. Et cela fit polémique lorsque leur visite nocturne et son objet furent rendus publics le lendemain matin. Cependant, cela obtint un bon résultat, car il fut convenu que la question du titre serait soumise à la décision des chefs de toutes les tribus Arawa .

Une assemblée générale des tribus se réunit donc à Rotorua, lorsqu'il fut démontré que les terres que je proposais d'acheter se trouvaient dans les anciennes limites de Tapuika . Mais plusieurs générations auparavant, le *Pa* de Maketu avait été pris par la tribu hostile Ngatiawa , et les tribus Arawa , y compris Tapuika , avaient été chassées de la côte vers Rotorua et ailleurs. Lorsque le commerce du lin avec Sydney était en vigueur , de nombreux indigènes Arawa avaient été autorisés à revenir gratter le lin pour le vendre à un commerçant nommé Tapsell qui était en poste à Maketu ; et enfin les tribus Arawa combinées expulsèrent Ngatiawa et récupérèrent les terres de leurs ancêtres. Ils s'établirent alors en force à Maketu, et certains d'entre eux furent délimités par des frontières, et prirent possession des terres appartenant originellement à Tapuika , pour leur propre usage. Tapuika ne fit aucune objection à cela, mais déclara maintenant que les terres ainsi prises étaient simplement cédées pour leur occupation, et que le *mana* de leur chef Te Koata sur la terre n'avait jamais été abandonné.

La décision des chefs des Arawa , à laquelle Te Koata , qui était présent, a reconnu que, comme Tapuika n'aurait pas pu récupérer ses terres sans l'aide d'autres tribus Arawa , la terre de Tapuika qui avait été prise en possession par les combattants des tribus combinées appartenait désormais à ces hommes, ou exprimé dans leurs propres mots, « *kua riro je te toa* », était allé au brave.

Cette décision était importante, car elle créait un précédent précieux dans le traitement de terres se trouvant dans des circonstances similaires ailleurs en Nouvelle-Zélande – un précédent constituant toujours un argument puissant avec les *Maoris* .

Les premiers colons.

Lorsque les étrangers, appelés par les indigènes *Pakeha* , sont arrivés pour la première fois en Nouvelle-Zélande, les *Maoris les ont facilement admis* à vivre parmi eux. Ils étaient autorisés à acquérir des terres par achat et à former des alliances avec leurs familles ; et les enfants issus de ces relations étaient considérés comme appartenant à la tribu de leur mère. Ils n'ont jamais été traités comme appartenant à une tribu étrangère, comme le *font les Tangata. hé . Taku pakeha, toku matua* , mon propre *pakeha* , mon père, étaient les termes couramment utilisés pour désigner leur sentiment de relation.

Il n'est pas étonnant que chaque tribu de ces îles ait d'abord désiré accueillir des colons *Pakeha* avec elles et était prête à les admettre aux privilèges des membres de la tribu, car grâce à eux, ils pouvaient obtenir ce qu'ils appréciaient le plus parmi les biens du monde. marchandises. Mais lorsque des dissensions surgirent entre les deux races, notamment au sujet de la terre, et débouchèrent sur la guerre, les sentiments de ceux qui prirent les armes se modifièrent, et leurs vieux amis, les *Pakeha* , n'étaient plus considérés comme *des matua* ou des pères, mais plutôt comme des *Tangata ke* , ou des étrangers.

LE DIFFÉREND DE WAITARA.

C'est un mode d'action reconnu parmi les *Maoris* , si un chef a été traité avec indignité par d'autres membres de sa propre tribu, et qu'aucun moyen de réparation ne peut être obtenu, que le premier commette un acte qui causera des troubles dans l'ensemble. tribu. Cette manière d'obtenir réparation est appelée « *whakahe* » et consiste à mettre l'autre dans son tort. Chose étrange, ce principe d'action très dangereux, quels que soient les grands maux qu'il puisse être suivi, obtient le respect et non la censure de toute la tribu pour celui qui l'adopte.

Etant dans le quartier de Matamata, il y a quelques années, peu avant que la guerre n'éclate à Waikato, j'ai entendu, lors d'une conversation avec un chef de Ngatihaua , qui avait pris part à la guerre de Taranaki, que la raison pour laquelle Teira avait proposé de vendre Waitara était d'obtenir satisfaction pour un affront que lui avait fait Wi Kingi à propos d'une querelle privée. Je n'ai jamais eu l'occasion de vérifier les faits rapportés, mais ils n'avaient rien d'improbable et, selon l'usage *maori* , ils expliquaient que Teira avait agi comme il l'avait fait.

On estimait que les terres ainsi mises en vente contenaient environ six cents acres, dont la totalité avait été, dans les années précédentes, densément peuplée et répartie entre un grand nombre d'individus et de familles. Elle était donc du type de notre division n° 1. Teira et ses plus proches alliés proposèrent de vendre la totalité des six cents acres, contrairement au souhait de Wi Kingi et d'autres qui revendiquaient des droits sur la terre.

Le fait que Kingi et son groupe avaient des revendications substantielles sur des parties de ces terres, et que tel était le motif initial de son opposition à la vente, ressort de plusieurs lettres écrites par des indigènes à l'époque comme une sorte de protestation, en particulier de celle écrite par Riwai. Te Ahu dans lequel il dit : « La raison pour laquelle Wiremu Kingi et son parti ont fait tant d'objections lorsque Teira a proposé que l'endroit soit vendu au gouverneur, était la crainte que leurs terres et les nôtres ne soient toutes considérées comme appartenant à Teira . .»

Un chef très influent et bien soutenu a sans doute souvent agi comme s'il pouvait disposer de vastes étendues de terre sans consulter ceux qui y détenaient des droits. Mais il n'a jamais pensé à revendiquer le droit d'ignorer *totalement* les droits d'autrui non parties à la vente. Au contraire, le chef et ceux qui avaient partagé l'argent de l'achat disaient aux autres réclamants qui n'avaient reçu aucune partie du paiement, soit qu'ils devaient se satisfaire d'un paiement futur (car c'était une règle générale, quoique impolitique). et mauvaise habitude, de payer par acomptes dans de telles transactions), ou qu'ils pourraient eux-mêmes s'adresser à l'acheteur pour le paiement de leurs intérêts, ou qu'ils pourraient conserver les leurs.

Si, avant de payer une partie de l'argent de l'achat à Teira , il avait été tenu de délimiter les limites des portions des six cents acres que lui et son groupe revendiquaient, la *responsabilité de la probandi* aurait été confiée à la bonne personne. On aurait alors découvert que ces portions étaient détachées et de formes et de tailles diverses, et dans certains cas seulement destinées à être approchées par des sentiers étroits, et que certaines de ses limites étaient contestées. Pour toutes ces raisons, ce qu'il aurait pu légitimement vendre n'aurait eu que peu de valeur pour l'occupation de nos colons.

Mais en plus de toute revendication de Wi Kingi et d'autres qu'il représentait concernant la propriété de parties des six cents acres mis en vente par Teira , ils avaient un autre droit de ne pas être dérangés dans leurs propriétés, ce qui ne semble pas avoir été envisagée à l'époque.

Quand le Te Les tribus Ati-awa déterminées à abandonner le détroit de Cook et à retourner sur les terres de leurs ancêtres autour de Taranaki, elles redoutaient toujours leurs vieux ennemis les Ngatimaniapoto . Il fut donc convenu entre eux, pour leur meilleure sécurité, qu'ils formeraient une seule colonie sur la rive sud du Waitara , plaçant ainsi le fleuve entre eux et l'ennemi commun. En supposant donc que Wi Kingi et sa division de la tribu ne possédaient aucune terre qui leur appartenait effectivement en vertu d'un ancien droit à l'endroit ainsi occupé, ils avaient acquis un droit en vertu de l'arrangement conclu, droit reconnu par l'ancienne coutume indigène, sur le foi dont ils avaient dépensé leur travail à construire des maisons, ainsi qu'à clôturer et cultiver la terre, ce qui, d'une manière sommaire, ne pouvait être considéré que comme un acte offensant. Nous avons vu également comment, à propos du différend entre Tapuika et les tribus Arawa , il fut jugé d'un commun accord que ces dernières avaient acquis un droit permanent sur les terres qu'elles avaient occupées dans des circonstances à peu près similaires.

Il semble y avoir peu de raisons de douter que la proposition de Teira de vendre Waitara ait été motivée par un sentiment de vengeance envers Wi Kingi ; car il savait bien qu'en procédant ainsi, il entraînerait ceux qui ne seraient pas d'accord avec leurs voisins européens . En même temps , c'est une réflexion plutôt mortifiante que la politique astucieuse d'un chef *maori* ait prévalu pour entraîner la colonie et le gouvernement de Sa Majesté dans une guerre longue et coûteuse pour venger sa propre querelle privée.

ANNEXE.

TERMES DE RELATION MAORI.

TUPUNA.

Un ancêtre – mâle ou femelle.

MATOUA.

Un père, ou un oncle, soit patruus , soit avunculus .

PAPA.

Le même.

WHAEA .

Une mère ou une tante de chaque côté.

TAMA .

Neveu aîné.

TAMAHINE .

Nièce aînée; également utilisé de manière plus générale.

TAMAÏTI .

Fils ou neveu.

TAMAROA.

Le même.

TUAKANA .

Frère aîné des mâles, sœur aînée des femelles ; également les enfants du frère aîné en référence aux enfants du frère cadet, les enfants de la sœur aînée en référence aux enfants de la sœur cadette.

TEINA .

Le frère cadet des mâles, la sœur cadette des femelles ; ainsi que les enfants du frère cadet en référence aux enfants du frère aîné, les enfants de la sœur cadette en référence aux enfants de la sœur aînée.

TOUNGANE .

Le frère d'une sœur.

TUAHINE .

La sœur d'un frère.

IRAMUTU .

Un neveu ou une nièce.

HONGRIE .

Un beau-père ou une belle-mère.

HUNAONGA .

Un gendre ou une belle-fille.

TAOKÉTÉ .

Le beau-frère d'un homme ou la belle-sœur d'une sœur.

AUTANE .

Le beau-frère d'une femme.

AUWAHINE .

La belle-soeur d'un homme.

POTIKI .

Les enfants d'un frère ou d'une sœur ; également le plus jeune enfant d'une famille.

MOKOPUNA.

Un petit-enfant ou un enfant d'un neveu ou d'une nièce.

HUANGA .

Une relation en général.

WHANAUNGA -TUTU.

Un lien de sang.

ARIKI.

Le premier né, mâle ou femelle.

WAEWAÉ .

Le frère cadet de l'homme : littéralement le pied.

HAMUA .

Syn. tuakana .

MARONUI .

Un homme ou une femme marié.

TAKAKAU .

> *Un homme ou une femme célibataire.*

POUARU .

> *Une veuve.*

PUHI .

> *Une femme fiancée, également une femme de rang interdit de mariage.*

IL WAHINE TAUMARO .

> *Une femme fiancée.* NB—Il y a une distinction entre un *Puhi* et un *wahine Taumaro* . La fiancée est une *Puhi* en référence à l'acte de consentement de son père, et une *wahine taumaro* en référence à l'acte de consentement de son futur beau-père à l'arrangement.

———

VOCABULAIRE

DE QUELQUES MOTS MAORIS NÉCESSITANT UNE EXPLICATION.

IHI a le sens de *tapu* lorsqu'il se produit en *karakia* , ou invocations d'esprits.

KAHUKAHU , l'esprit du germe d'un être humain : également appelé *Atua noho -whare* , *ou Atua* -maison . Verbi *kahukahu* significatio simplex est panniculus; et pannicule quo utitur femme menstruations pas le mien *kahukahu* dicitur κατ' ἐ ξοχ ἡ ν . Apud populum Novæ Zélande créditeur sanguinem utero sous tempus menstruale épanchement continuer germina hominis; et seconde præcepta vétérinaire superstitionis pannicule sanguin menstruel imbutus Habebatur sacer (*tapu*), haud alitre quàm si forme humanisme accepisset : mulierum autem mos est hos panniculos intra juncos parietum abdere ; et hâc de causâ paries HNE domûs pars adeo sacra ut nemo illi innixus sedere audéat .

KARAKIA. Ce mot généralement rendu par « charme », ne signifie pas ce que signifierait le mot charme, dans son sens populaire. Le mot « invocation » exprime plus correctement son sens ; car c'est une prière adressée aux esprits des ancêtres décédés, sous la forme d'une litanie.

KAUPAPA , celui à qui l'esprit d'un ancêtre rend visite et qui est son moyen de communication avec les vivants.

PUKENGA , un esprit, l'auteur ou premier enseignant de tout *karakia* .

Tapairu , tout Esprit ancestral très sacré : aussi parfois appliqué à la femelle *Ariki* .

Tauira , personne instruite par un *tohunga* ou par l'esprit d'un parent ou d'un ancêtre. Il devait se soumettre à un jeûne strict de plusieurs jours avant d'apprendre un *karakia important* .

Tipua , ou Tupua , l'esprit de quelqu'un qui, de son vivant, était connu pour son puissant *karakia* .

Tiri , une bande de feuille de lin ou *un orteil* placé de manière à servir de chemin imaginaire à un *Atua* . En cas de maladie, un *tiri* est suspendu au-dessus de la tête du malade pour faciliter le départ de l' *Atua* qui cause la maladie. Un *tiri* est également suspendu près du *kaupapa* , lorsqu'il désire que son *Atua* lui rende visite. Il est également appliqué pour désigner le *karakia* utilisé à de telles occasions.

Tohunga , une personne compétente en *karakia* , également compétente dans n'importe quel métier.

Tuahu , lieu sacré où étaient déposées les offrandes de nourriture – les prémices – pour les *Atua* .

Wananga , l'Esprit de quiconque, de son vivant, avait appris le *karakia* de ses ancêtres : ainsi lorsqu'un *tauira* mourait, il devenait un *wananga* .

TE KARAKIA

Mo te pikinga o Tawhaki ki te Rangi. — *vid.* p. <u>23</u> .

Piki- aké Tawhaki je te ara Kuiti

Je whakatauria ai te ara o Rangi ,

Te ara o Tukaiteuru .

Ka kakea te ara qu'est-ce que c'est ,

Ka kakea te ara wha-rahi ,

Ko te ara je Whakatauria ai

Pour tupuna un Te Ao-nunui ,

A mangé Ao-roroa ,

A mangé Ao-whitera .

Tena ka eke

Kei à Ihi ,

Kei à Mana,

Kei nga mano o runga ,

Kei ou Ariki,

Kei ou Tapairu ,

Kei ou Pukenga ,

Kei ou Wananga,

Kei ou Tauira .

TE TUKU O HINE-TE- IWAIWA.— *vid.* p. 28 .

Raranga , Raranga taku Takapau ,

Ka pukea et te Waouh ,

Il je Moenga mo aku rei.

Ko Rupe , ko Manuméa,

Ka pukea : ē! ē!

Mo aku rei tokorua ka pukea .

Ka pukea au e te Waouh ,

Ka pukea , ē! ē!

Ko koro taku tane ka pukea .

Piki- aké hoki au ki runga non :

Te Matitikura , ē! ē!

Ki un Toroa Irunga ,

Te Matitikura , ē! ē!

Kia whakawhanaua aku tama

Ko au anaké ra.

Tu te turuturu no Hinerauwharangi ;

Tu te turuturu no Hine - te - iwaiwa .

Tu je toi tia moi ko Ihuwareware ;

Tu je toi kona moi ko Ihuatamai .

Kaua rangia au e Rupe .

Kei tauatia , ko au te Inati ,

Ko Hine - te - iwaiwa .

Tuku iho irunga je suis ton huru ,

je te Upoko ,

je ou tara-pakihiwi ,

je te euh ,

je dois manger,

je ou turipona ,

je ou waewae .

E tuku ra ki waho .

Brebis Tuku,

Tuku prends ,

Parapara Tuku .

Naumai ki waho .

KARAQUIA

Mo te Wahine je pakia nga toi je te whanautanga o te tamaiti .— *vid.* p. 39 .

Nga puna irunga te Homaï ,

Te ringia ki te matamata

O nga uo tenei Wahine ;

Te kopata je te rangé te Homaï

Il je whakato mo nga toi

Ô tenei Wahine :

Ki te matamata o nga u

Ô tenei Wahine :

Nga u atarere reremai

Ki te matamata o nga u

Ô tenei Wahine :

Nga u atarere tukua mai .

Tenei hoki te tamaiti te tangi nei ,

Te aue nei je te po nui ,

Je te po roa .

Ko Tu - te - awhiawhi ,

Ko Tu -te - pupuke ,

Naumai ki ahau,

Ki Tenei Tauira .

KARAQUIA

Mo te whakapikinga o te ara o te tupapaku ana ka compagnon, kia tika ai te haere ki nga moi Kua Mate Atu imua.— *vid* . p. 44 .

Tena te ara , ko te ara o Tawhaki ,

Je piki ai ki te rangi ,

Je kake ai ki tou Tini ,

Ki tou mano :

Je veux que je sois koe ,

Je taemai ai à wairua ora

Ki tou Kaupapa .

Tenei hoki ahau

Te mihi atu non ,

Te Tangi Atu non

Ki à Wairua , mon pote.

Puta purehurehu mai

À putanga mai ki ahau,

Ki à Kaupapa ,

je piri mai ai koe ,

Je tangi mai ai koe .

Tena te tiri ,

Ko te tiri ao tupuna,

Ko te tiri un nga Pukenga ,

A nga Wananga,

Aku, un tenei Tauira .

IL WHAKAMURI- AROHA.— *vid.* **p.** <u>47-8</u> .

Aha te hau e maene ki à kiri ?

E kore pois koe e ingo mai ki to hoa ,

Je piri ai korua je vais à Korua Moenga ,

Je awhi ai korua ,

Je tangi ai korua .

Tena Taku Aroha

Copain _ hau e kawe ki a koe ,

Huri mai à Aroha,

Tangi mai ki à moenga ,

Je suis moe ai korua .

Kia pupuke —a— attends à aroha.

TE POROPORO-AKI A TAMA-TE- KAPUA.— *vid.* **p.** <u>53</u> .

Et papa nga rakau je runga je suis un koe ,

Mau ake te Whakaro ake . Aïe, Aïe.

E haere nga taua je te ao non ,

Mau e Patu . Aïe, Aïe.

Notes de bas de page

[1] La Cité Antique par De Coulange .

[2] Juventus Mundi, p. 203.

[3] Max Müller, « Science du langage ». Farrar, « Chapitres sur la langue », p. 6.

Hom . Il., 2-484. Invoquer . aux Muses :

Dites-moi maintenant, ô Muses, vous qui habitez l'Olympe ;

[4] Car vous êtes des déesses, vous êtes présentes et vous connaissez toutes choses,

Mais nous n'entendons que des rumeurs et ne savons rien.

[5] Hécube, l. 533-9.

[6] Dont l'épouse était Hine- titamauri de quâ infra.

[7] Dont la femme était Puhaorangi de quâ infra.

[8] Tamatea s'est installé à Muriwhenua et son fils Kahuhunu y est né. Cette dernière partit en voyage à Nukutauraua près du Mahia , et y épousa Rongomai-wahine , après s'être débarrassée de son mari Tamatakutai par la ruse. Tamatea est allé le ramener chez lui, mais à leur retour, leur canot a été renversé dans un rapide, près de l'endroit où la rivière Waikato coule du lac Taupo, et Tamatea s'est noyé.

[9] Ce *karakia* est l'exemple le plus ancien du genre. Il est maintenant appliqué comme évocateur d'un règlement pacifique d'une querelle.

[dix] Ha=kaha.

[11] *(1, 2, 3)* Quaedam parties génitales du corps .

[12] *Katahi ka tohungia et Tane ki tona bien sûr* .

[13] C'étaient tous les ancêtres de la race des Pouvoirs de la Nuit.

[14] *Il oti , ka rere te wahine : ka anga ko te pane ki raro , tuwhera ton nga Kuwha , Hamama ton te puapua .*

[15] " *Heikona , et Tane, hé kukumé ake je suis un taua hua ki te Ao ; kia haere au ki raro il je kukumé oh je suis un taua hua ki te Po.* »

[16] Vidéo. Tableau généalogique.

[17] Il est remarquable qu'Homère attribue un honneur spécial à quelques-uns de ses héros, qui semblent avoir été les représentants mâles de leur race, comme à Agamemnon de la race de Pélops et à Enée de la race d' Assaracus . En ce qui concerne chacun d'eux, il est mentionné qu'il était honoré comme un Dieu par son peuple. « Θε ὸ ς δ' ὣ ς τ ί ετο δ ή μ ῳ . Chez les Maoris, ces chefs se distinguaient par le titre d' *Ariki* . Homère leur donne le titre « ἄ ν αξ ἀ νδϱ ῶ ν », dont l'ancien sens a fait l'objet de nombreuses recherches. M. Gladstone (Homer and Homeric Age, vol. I. p. 456) dit : « Il me semble que cette retenue dans l'utilisation du nom ' ἄ ν αξ ἀ νδϱ ῶ ν ' n'était pas sans rapport avec un sentiment de respect envers il;" et il suggère le mot chef comme son bon représentant. Sa signification originelle n'aurait-elle pas été similaire à celle d' *Ariki* ?

[18] Hæc annonce épanchement aquarum sub tempus partûs spectaculaire .

[19] Le nom d'un puissant *karakia* .

[20] *Turuturu* , un accessoire pointu et pointu, dont deux sont fixés dans le sol pour servir de cadre pour tisser des nattes, également utilisé par les femmes en couches pour se tenir.

[21] *(1, 2)* Noms des parties inférieures de l'abdomen.

[22] Rupe ou Maui- mua , beau-frère de Hine- teiwaiwa .

[23] Adressé à l'enfant à naître.

[24] La vieille dame en question était Hine-nui-te-po, la mère de l'ancêtre de l'humanité.

[25] *(1, 2, 3)* Noms des différentes parties de la caduque.

Pour la tradition concernant Tuhuruhuru et d'autres noms mentionnés [*] ici, vid. Monsieur Géo. Grey's « Mythologie et traditions de la Nouvelle-Zélande », p. 39 et suiv.

Dans le manuscrit *maori* , dont ce qui précède est une traduction, les noms des ancêtres du chef de la tribu mentionnée sont donnés par ordre généalogique, mais sont omis ici.

[26] Démêlez l'enchevêtrement, démêlez le crime,

Détachez *Manuka* , laissez-le se détacher.

Loin si Rangi ,

Il est atteint.

[27] Un *karakia* ainsi appelé.

[28] La section du cordon ombilical est ici évoquée.

(1, 2)

[29] A ces mots, la femelle *Ariki* enjambe l'enfant, puis le prend dans ses bras.

[30] Quant à l'usage de lever les mains en l'air en priant les dieux, comparez Hom : Il. Lib. 3 273, et d'autres nombreux exemples.

[31] On dit que les esprits en route vers le Cap Nord sont vêtus de feuilles de *wharangi* , *de makuku* et *d'oropito* .

[32] Vidéo. compte similaire. « Traditions et superstitions des Néo-Zélandais», p. 150 et suiv.

[33] Avec *kokowai* , ou ocre rouge.

[34] *(1, 2, 3, 4)*

Noms des chefs féeriques.

[35] Point de jonction de la colonne vertébrale et du crâne.

[36] Extrémité inférieure de la colonne vertébrale.

[37] Des présages ont été recueillis grâce au mouvement du cadavre. Le mot poisson ou canoë est souvent utilisé symboliquement pour désigner un homme.

[38] Le périnée et la tête sont considérés comme les parties les plus sacrées du corps humain.

[39] L' *ueta* est un brin d'herbe ou de mauvaises herbes utilisé pour essuyer l'anus du cadavre. Il est ensuite attaché à un bâton et porté comme un talisman.

[40] Les cheveux de la tête, lors de cette cérémonie, étaient attachés à une pierre, et le caractère sacré des cheveux était censé être transféré à cette pierre, qui représentait un ancêtre. La pierre et les cheveux étaient ensuite transportés jusqu'au lieu sacré appartenant aux *Pa* .

[41] *Uwha* , la coquille bivalve utilisée pour couper les cheveux.

[42] *Kohukohu* , la plante stellaire, dans les feuilles de laquelle le *kumara sacré* était enveloppé.

[43] D'où le terme *horohoronga* (=avaler) donné à la cérémonie. Il est à remarquer que le nom distinctif donné à diverses cérémonies a été tiré de certaines circonstances frappantes qui y sont liées : ainsi, un four sacré est nommé *kohukohu* à partir des feuilles de la plante dans laquelle le *kumara* était enveloppé : etc.

[44] Kearoa et Whaka-oti-rangi étant toutes deux des ancêtres féminins sacrés, épouses de Ngatoro et de Tama , représentaient les *Ruahine* , qui devaient avaler cette nourriture pour retirer le *tapu* . Le *tapu* , ou le caractère sacré de Kahu, était censé être transféré au *kohukohu* , et lorsque celui-ci était mangé par les esprits ancestraux, le *tapu* était déposé auprès d'eux.

[45] *Les Maihi* sont les deux planches placées en angle sur le pignon avant d'une maison. Si le bois d'une maison sacrée devait être accidentellement utilisé comme bois de chauffage pour la cuisine, quiconque mangerait la nourriture ainsi cuite serait coupable d'un crime, et serait puni par l' *Atua* de la maladie ou de la mort.

[46] *Turakanga* (=jeter) était une cérémonie au cours de laquelle un bâton destiné à représenter le chemin de la mort était jeté. Une forme de *karakia* fut, à la même époque, utilisée.

[47] Vidéo. « Mythologie et traditions » de Sir G. Grey , p. 63.

[48] *Les Ngakoa* offraient aux *Atua* du poisson et d'autres types de nourriture.

[49] *(1 , 2 , 3)* Différents types d'instruments à vent ressemblant à la flûte, mais variant seulement par leur longueur.

[50] Voir « Traditions et superstitions », p. 68.

[51] *Porohi* , un petit poisson du lac.

[52] Tama-te-kapua .

[53] *Toheroa* , une espèce de bivalve.

[54] *Hinau* , baie d' Elœocarpus denté .

[55] *Hué* , une petite gourde.

[56] *Para* , espèce de fougère à racine tubéreuse.

[57] *Aua* , un poisson ressemblant au hareng.

[58] P. 75 .

[59] " *Te rakau et takoto nei , tungou , tungou* » sont les mots *maoris* . *Tungou* = ἀ ν ανε ὑ ω — un signe de dissidence avec les Grecs, mais le signe commun d'assentiment avec les *Maoris* .

[60] Les îles Poule et Poulets.

[61] L' île de la Petite Barrière .

[62] P. 5 .

[63] *(1 , 2)* Vidéo. ch. v.

[64] Dernièrement, on a adopté l'habitude de remettre le *mana* de leurs terres à Matutaera , le roi maori , ou à quelque chef influent en qui ils ont confiance, le but étant de les protéger des ventes clandestines, devenues fréquentes par l'action des spéculateurs fonciers. Les agents qui agissent pour le compte des hommes de capitaux qui se lancent dans de telles spéculations sont toujours prêts à offrir une avance d'argent comme dépôt foncier, et lorsqu'un *Maori* , surtout un jeune homme insouciant, visite nos villes, il est trop souvent incapable de résister aux tentation de l'or pour la simple signature de son nom. Cependant, quand une telle

transaction est connue de la tribu, elle provoque beaucoup de chagrin et de troubles ; mais le bout du coin étant ainsi introduit bientôt, d'autres suivirent l'exemple, jusqu'à ce qu'enfin une sorte de consentement forcé soit obtenu pour transmettre la terre, pour employer l'expression courante, par l'intermédiaire du tribunal foncier du gouvernement. Il n'est donc pas étonnant que cette Cour ne jouisse pas d'une bonne réputation parmi eux, d'autant plus qu'ils ont découvert qu'une grande partie du prix d'achat est engloutie par les frais d'arpentage, les frais de justice et les honoraires d'avocat. .

[65] Ce proverbe était également appliqué en cas de guerre comme raison suffisante pour ne pas épargner une telle relation.

[66] Traditions et superstitions des Néo-Zélandais. Modifier. 2, p. 271.

[67] Paora Te Ahuru .